新时代
〈管理〉
新思维

OKR

流程管理+绩效提升+组织赋能

战略

艾欧 —————— 著

清华大学出版社

北　京

内 容 简 介

OKR 聚焦企业的发展与经营战略，能够提升员工的工作能力与创新能力，变革企业传统的管理模式，助力企业打造顺应时代发展的管理体系，推动企业长远发展。本书以 OKR 为主线，从 OKR 认知、规划、准备、实施、落地、追踪、复盘等多个方面入手，介绍如何实施 OKR，让 OKR 在组织内部顺利落地。

另外，本书还列举了产品部门、设计部门、市场部门、销售部门、客服部门的 OKR 方案，并以 FunPlus、美团、Flipkart 等企业为例向读者展示 OKR 的使用方法和技巧，非常适合管理者、创业者、HR 等群体阅读。

图书在版编目（CIP）数据

OKR 战略：流程管理+绩效提升+组织赋能 ／ 艾欧著．—北京：清华大学出版社，2024.5
（新时代·管理新思维）
ISBN 978-7-302-66137-5

Ⅰ．①O… Ⅱ．①艾… Ⅲ．①企业管理 Ⅳ．①F272

中国国家版本馆 CIP 数据核字（2024）第 085667 号

责任编辑：刘 洋
封面设计：徐 超
版式设计：张 姿
责任校对：王荣静
责任印制：宋 林

出版发行：清华大学出版社
　　　　　网　　　址：https://www.tup.com.cn，https://www.wqxuetang.com
　　　　　地　　　址：北京清华大学学研大厦 A 座　　邮　　编：100084
　　　　　社 总 机：010-83470000　　邮　　购：010-62786544
　　　　　投稿与读者服务：010-62776969，c-service@tup.tsinghua.edu.cn
　　　　　质 量 反 馈：010-62772015，zhiliang@tup.tsinghua.edu.cn
印 装 者：大厂回族自治县彩虹印刷有限公司
经　　　销：全国新华书店
开　　　本：170mm×240mm　　印　张：16.25　　字　数：254 千字
版　　　次：2024 年 7 月第 1 版　　印　次：2024 年 7 月第 1 次印刷
定　　　价：88.00 元

产品编号：103185-01

艾欧编写出这本书，我一点儿不惊讶。这些年来，她不断地将世界先进管理理念和观点带入中国并进行实践，一直怀着满腔的热血，想为中国企业做贡献！艾欧是硅谷研发出身，也是专业私董会的专家，对OKR（Objectives and Key Results，目标与关键成果）的践行，她使用了OKR软件工具，实操性很强。

在如今快速变化的商业环境中，企业的成功不仅仅依赖于产品的创新和市场的机遇，更依赖于高效的管理和团队的协作。OKR作为一种先进的目标管理工具，正逐渐受到越来越多企业的青睐。它不仅能够帮助企业明确目标、聚焦关键，还能通过持续的追踪和复盘，不断优化工作流程，提升组织绩效。

这本包含着艾欧满满的实践心得，对我国中小企业有较大实际意义的书，旨在深入剖析OKR的价值与作用，从多个角度探讨OKR如何为企业管理赋能。我们将从OKR工具提升目标管理效率的角度出发，探讨如何通过目标设定、关键成果的选择和量化，使企业的战略和计划更加明确和可衡量。同时，书里也特别介绍了如何关注组织透明化、如何促进绩效提升，探讨如何通过OKR的公开和共享，增强团队的凝聚力和协作效率。

本书详细介绍了如何规划OKR，为企业的变革奠定坚实的基础。还探讨了如何追踪和复盘OKR的执行情况，以实现不断的优化和提升。此外，还将通过部门OKR的拆解，展示如何助力企业流程的升级和变革，从而提升企业整体的运营效率，对我国企业特别有实际意义，适合作为导入和实践的好工具！

　　理论的学习，是离不开实践的检验的。艾欧在书里还通过一系列经典案例的介绍，让读者更加深入地了解OKR的落地路径和实施效果。这些案例涵盖了不同行业、不同规模的企业，旨在为读者提供丰富的参考和借鉴。

　　我相信通过本书的学习，读者将能够全面了解和掌握OKR的核心价值和实施方法，为企业的管理和发展提供有力的支持和帮助。让我们一同走进OKR的世界，探索目标管理的无限可能！

温元凯

经济学家、金融投资专家

OKR 的英文全称是 Objectives and Key Results（目标与关键成果），由 "O" 和 "KR" 组成。其中，"O" 代表目标，解决 "想实现什么" 的问题；而 "KR" 是关键成果，是对目标完成情况的量化描述，解决 "如何实现" 的问题。二者相辅相成，共同推动员工进步和成长。

追根溯源，OKR 来源于目标管理体系。20 世纪 50 年代，管理大师彼得·德鲁克（Peter F. Drucker）提出了目标管理（Management by Objective，MBO）的思想。从那个时候开始，美国的一些企业不遗余力地推行并实施这个思想，而 OKR 便是实现目标管理的重要方法与工具。

英特尔是最早一批践行 OKR 的公司。20 世纪 80 年代，美国的半导体行业竞争激烈，英特尔连续亏损。在寻找解决办法时，时任英特尔 CEO 的安迪·格鲁夫（Andy Grove）注意到彼得·德鲁克的目标管理方法，并进行了实践。安迪·格鲁夫制定了产品转型目标，并将这一目标细化分解到每个部门、团队和个人。这就是 OKR 的雏形。基于 OKR 方法的实践，英特尔成功扭亏为盈，并实现了长久发展。

1999 年，曾任英特尔副总裁的约翰·杜尔（John Doerr）投资了谷歌。他对 OKR 十分推崇，于是将其带到了谷歌。在谷歌总部，约翰·杜尔向谷歌联合创始人拉里·佩奇（Larry Page）和谢尔盖·布林（Sergey Brin）以及其他谷歌高管介绍了 OKR，OKR 受到了他们的青睐。在全面推行 OKR 之后，谷歌实现了长久稳定发展。时至今日，OKR 仍是谷歌践行的重要管理方法。

2013 年，在国外的知名公司，尤其是硅谷中科技企业的影响下，国内很多企业也开始使用 OKR。OKR 逐渐被大众所熟知。目前，包括阿里巴巴、华为、万科在内的很多行业领军企业都将 OKR 作为提升绩效的必备管理工具。无论是对于国外还是国内企业来说，OKR 的优势都很显著，能够为企业带来巨大价值。可以说，OKR 是一个颠覆 KPI 绩效管理的强大工具。

那么，企业应该如何实施 OKR 并让它最大化地发挥价值呢？这是许多管理者非常关心的问题。本书就针对这一问题展开叙述，介绍了 OKR 的重要性，讲述了 OKR 如何才能在组织内部逐步落地。通过阅读本书，读者可以更高效地制定 OKR，并将 OKR 层层分解给部门、员工，提高整个团队的执行力。

综合来看，本书有以下几个优势。

（1）脉络清晰，语言精练且通俗易懂，叙述深入浅出。

（2）既有高屋建瓴的理论架构，又有干货满满的方法和技巧，可以帮助读者更好地了解 OKR。读者阅读本书后能够即学即用，快速提升工作效率。

（3）讲透 OKR 的核心理论和操作要领，包括 OKR 与战略之间的关系、如何规划和落地 OKR、如何制定不同部门的 OKR 等，帮助读者全面了解 OKR。

诚愿读者在阅读本书后，可以真正有所思、有所悟、有所学、有所得，在 OKR 知识储备和管理实践方面能再上一个台阶，推动企业进入新的发展阶段。

非常感谢在创作本书过程中给予我帮助的人，感谢家人和朋友的支持。因为时间关系，很多翔实的案例未能在书中呈现，对此深感遗憾。对 OKR 感兴趣的企业管理者可以在线下与我联系，一起探讨、交流。若书中尚有可补足之处，欢迎读者朋友批评指正。

编者

2023 年 6 月

目录

03 OKR 准备：为成功实施 OKR 奠定基础

第 3 章

04 OKR 实施：OKR 方案推动协同效率提升

第 4 章

05 | OKR 落地：加强 OKR 管理是永恒主题

第 5 章

06 OKR 追踪：严格控制 OKR 实施过程

第 6 章

07 OKR 复盘：别让 OKR 成为一次性工作

第 7 章

08 产品部门 OKR：通过 OKR 做产品规划

第 8 章

09 设计部门 OKR：由设计师掌握话语权
第 9 章

10 市场部门 OKR：营销与销售不脱节
第 10 章

11

销售部门 OKR：高效达成业绩目标

第 11 章

12 客服部门 OKR：以客户满意为核心
第 12 章

13 经典案例：不同企业如何实施 OKR
第 13 章

01

第 1 章

OKR 认知：
聚焦战略落地的新工具

对于企业管理者来说，聚焦是一项非常重要的能力，OKR 的核心理念就体现在聚焦上。OKR 是一个严谨、完善的管理框架，也是面向整个组织的纪律要求，可以保证员工紧密合作，把时间和精力用于推动团队与个人发展上。

在实施 OKR 的过程中，管理者的聚焦能力反映着其战略规划能力和战略落地能力。优秀的管理者可以围绕战略实现资源有效投入，推动战略落地。

1.1 OKR 为什么会迅猛发展起来

OKR 起源于英特尔，在谷歌发扬光大，而后在美国企业间广为流传。近几年，在华为、字节跳动等企业的带动下，我国的很多企业也引进了OKR。OKR 是管理领域非常珍贵的一块"宝藏"，在全球范围内，OKR 得到了广泛的应用。对此，很多人可能会问：OKR 为什么会迅猛发展起来？本节就为大家解答这个问题。

1.1.1 传统绩效管理逐渐失效

很多专家都曾公开表示，传统绩效管理逐渐失效。这种观点不无道理，如今越来越多的企业，如阿里巴巴、华为、万科等都放弃了传统绩效管理，转而投向 OKR 的"怀抱"。索尼前常务董事曾发表一篇名为《绩效主义毁了索尼》的文章，他在文章中强调，索尼之所以会连年亏损，正是因为受到了绩效主义的影响。

他还在文章中写道："绩效主义试图把人的能力量化，以此做出客观、公正的评价。"实际上，这很难实现。因为绩效主义的最大弊端是破坏了组织内部的氛围，上级不重视下级的意见和建议，一切以绩效为准。

传统绩效管理的确有缺点，具体体现在以下 3 个方面。

第一，目标是自上而下制定的，员工缺乏参与感，甚至会认为自己只是上级完成任务的"棋子"。随着企业的规模不断扩大，以及组织层级复杂化，员工的这种想法会越来越强烈。

第二，管理者过于注重目标，只要发现员工的工作进度不符合要求，就会严厉地督促甚至批评员工。而且，他们有时还会要求员工通过加班的方式按时完成目标。久而久之，员工会把完成目标当作第一要务，承受很大的工作压力。有些员工还会因为盲目地追赶工作进度，而缺乏对目标的认知和深入思考。在这样的情况下，目标无法发挥激励作用。

第三，绩效强制分布的情况十分常见。什么是绩效强制分布呢？简单来说，就是按照绩效表现将员工分成几个等级，然后给每个等级设置一定的淘汰比例。有些管理者还会使用相对考核法，即通过比较员工的工作情况给员工排名，并认为排名靠前的员工要优于排名靠后的员工。换言之，绩效的好坏是通过对比体现的，员工不需要把工作做到最好，只需要优于自己的同事就不会被淘汰。这就会导致员工不把时间和精力放在提升个人能力上，而是想着如何比绩效差的员工做得好一点。

OKR 倡导自下而上制定目标，能很好地消除传统绩效管理的弊端，实现更灵活、更公平的目标管理。在这种模式下，员工能参与目标的制定，管理者会尽自己所能帮助员工完成目标，而且员工是否被淘汰不会只根据绩效好坏和排名高低而定。

受到 OKR 的激励，员工更愿意为了实现目标而努力，也会更勇敢地挑战自我，把更多时间和精力用于工作。OKR 还有利于打造一个平等、宽松、愉悦的工作氛围，促进员工之间以及员工与管理者之间的沟通和协作。

1.1.2 员工追求自由，向往宽松的工作环境

从某种意义上来说，传统绩效管理其实就是绩效考核，氛围比较严肃、紧张。但很多员工，尤其是以"90 后""00 后"为代表的年轻员工并不喜欢这种氛围，他们更希望可以在自由、宽松的环境中工作。这种环境与当下这个多变的时代更契合，也更容易激发员工的活力和创造力，员工可以充分施展才华、展现个性。

OKR 有利于企业打造自由、宽松的工作环境，赋予企业极强的生命力和创造力。例如，字节跳动引进 OKR 后，员工的工作效率有了很大提升。字节跳动的员工可以在内部系统中查看任何同事的 OKR，甚至创始人张一鸣的 OKR 对内部也是公开的。

另外，在字节跳动公司中，OKR 的制定不是自上而下地分解总目标，而是先进行小组讨论，得出一个大致的 OKR，然后进行跨部门的 OKR 对齐，同时参考上级的 OKR，明确各项任务的优先级，最终得出一个确定的 OKR。这样的 OKR 往往更科学、更合理。

对于字节跳动来说，OKR 就像一个文化内核般的存在。根据这个文化内核，字节跳动制定了很多看似"奇怪"的制度，如不允许使用职级称谓、定期举办 CEO 面对面讨论会、不要制作华而不实的 PPT、办事流程

尽可能精简等。其中一些制度已经延续至今，为字节跳动提供了非常有利的内部沟通条件和广阔的发展空间。

很多员工都喜欢字节跳动平等、开放的氛围。这种氛围赋予员工很高的自由度，激发员工释放创意和创造力。在字节跳动的 OKR 实践中，管理者主要负责告诉员工目标是什么，以及为了完成目标应该做什么，而不是颐指气使地向员工下达命令。

员工在思考如何制定 OKR 的过程中，完成了从命令执行者到目标制定者的身份转变。他们会自发、主动地对 OKR 进行分析和总结，为实施 OKR 出谋划策。

OKR 倡导的是集体的奇思妙想，而不是少数高层领导的头脑风暴。而集体的奇思妙想是从自由、宽松的环境中衍生出来的，员工之间的隔阂因此得以消除。更重要的是，管理者与员工之间的关系会变得更平等，双方会相互支持、帮助和尊重。

1.1.3　协同模式受到广泛欢迎

很多企业都追求内部协同，但真正实现内部协同的企业凤毛麟角。为什么会出现这种情况？主要是因为员工之间缺乏信任。员工之间缺乏信任对协同的影响如下所示。

（1）员工之间缺乏信任，会相互戒备。

（2）员工惧怕冲突，整个组织一团和气，缺乏生命力和活力。

（3）员工惧怕冲突，不愿积极参与，导致组织决策模棱两可。

（4）员工工作积极性不高，出现问题时会本能地逃避责任。如果企业中有很多只想着逃避责任的员工，那么制定出来的目标大概率会偏离方向且几乎无法实现。因为员工通常只想着如何避免出错，而不在乎目标能否顺利实现。

（5）忽视目标的员工不会花费时间和精力与同事合作，协同自然无法实现。

针对企业内部的协同问题，管理者要想方设法地解决。而 OKR 就是改善员工之间协同情况的一个很好的解决方案。OKR 强调目标协同，要求整个组织步调统一，朝着同一个方向努力。

OKR 要求的协同不仅体现在目标上，还体现在关键成果上。另外，管理者除了在制定 OKR 时要体现协同，在实施 OKR 时也要保持协同，促使每一个员工都能自觉地将个人目标和总目标对齐。通过对齐目标，员工可以集合在一起，形成强大的合力。这样企业面临的各种疑难问题就迎刃而解。

需要注意的是，管理者想要实现 OKR 的水平对齐和垂直对齐，就要确保员工理解 OKR 背后的逻辑，接受 OKR 的全部内容。因此，如何设计 OKR，如何使员工对目标达成共识，以及如何做好关键成果的衡量，就变得尤为重要。另外，关于对齐时机，管理者可以选择 OKR 刚制定时，防止出现协同问题后才意识到员工对 OKR 的理解存在偏差。

管理者可以通过召开 OKR 协同会、目标与关键成果对齐会实现 OKR 的水平对齐和垂直对齐，让员工达成共识，保证各个团队有着一致的目标。这样无论在哪个场景下，各团队都能更好、更有效地协同，充分挖掘 OKR 的魅力和价值。

总之，如果管理者可以充分利用 OKR，就可以事半功倍地解决企业内部存在的协同问题。

1.1.4 可以进一步提升管理能力

如今，员工的自我意识较为强烈，也更加注重工作幸福感。而每天打卡上下班，像螺丝钉一样只在某一环节发挥作用，不能使员工的工作幸福感得到提升。因此，很多企业开始实施灵活办公机制，如错峰上下班、员工可每周选择一天在家办公等。这些企业致力于营造自由、宽松、尊重员工个性的工作环境，让员工在工作中是敬业的、满足的、受到激励的、被尊重的。

OKR 的发展与完善，为管理者提升管理能力提供了一个新工具。它有利于目标的设置和实现，能让所有员工朝着一个方向共同努力。

OKR 为定义、追踪和衡量目标提供了一个实用框架，目标激励团队不断前进，关键成果是否达成可以衡量目标是否实现。OKR 自引进后就受到了小米、京东、字节跳动等互联网企业的追捧，成为一个炙手可热的管理工具。

具体而言，OKR能给企业带来什么好处呢？那就是上下一致、左右对齐、自我驱动。

1. 上下一致

很多不到20人的小企业，经常会遇到员工不清楚企业的总目标、员工的个人目标和企业的总目标不一致等问题。在企业的规模较小时，这些问题的弊端不会很明显地显露出来。但当企业的规模越来越大时，管理层级必定会增加，此时层级越低的员工，就越不清楚企业的总目标，他们对为什么要制定这个总目标也不会有深入的思考。在这种情况下，企业难以实现目标从上到下的一致性。

而OKR通过上下共创、透明、公开的目标制定和沟通方式，让员工对目标有充分的了解。这样即使是基层员工，也清楚企业的总目标是什么，并知道自己应该做什么才能帮助企业实现总目标。

2. 左右对齐

每个部门都有自己的目标，在与其他部门协作的过程中难免出现利益冲突。而在OKR管理体系下，目标是公开、透明的，各部门可以了解彼此的目标。经过沟通，以及对目标的梳理，各部门的员工会清楚地了解部门目标是如何推动总目标实现的，同时各部门也会更清楚地知道如何支持其他部门。

3. 自我驱动

实施OKR的过程中有一个重要的环节——共创，即所有员工分享自己对目标的思考和想法。员工参与目标制定，就更容易理解为什么要制定这个目标，也更容易制定出适合自己的目标，从而推动总目标实现。

另外，OKR只规定了关键成果，而没有规定实现目标的方法。这给了员工充足的空间发挥自主性，员工可以尽情试错、探索、创新。这样员工能够找到工作的意义，自驱力会得到很大提升。

1.2 OKR是推动战略落地的"利器"

战略落地也被称为战略执行，是战略得以发挥作用的关键。OKR作为一个管理工具，可以把管理者的战略思考转化为具体的目标和指标，调动员工的工作积极性，推动组织实现公开化、透明化发展。

1.2.1 OKR 指明目标，引导企业发展

如果企业上下的目标清晰、一致，且员工知道自己的工作能够为目标的实现做出何种贡献，员工就会更投入，希望为企业的发展和进步贡献更大力量，企业的整体生产力会有很大提升。

那么，如何才能保证企业上下的目标是清晰、一致的？答案是借助OKR。OKR 可以指导员工专注于完成自己的工作，帮助他们明确工作的优先级，推动目标实现。

谷歌联合创始人拉里·佩奇就十分推崇 OKR，并将谷歌的成就归功于 OKR。他曾经公开表示，OKR 帮助谷歌实现了很多倍的增长，也让谷歌的各项任务变得更容易完成。在实践中，OKR 可以让谷歌的员工按部就班地工作。

OKR 可以在整个组织范围内设定一个目标，并将这个目标转化为适合所有团队和部门的可衡量的目标。对于企业来说，这个目标就像北极星，可以为所有团队和部门指明发展方向，为员工的工作提供具体路径。

目标不应该太细，否则就会变成一个内容繁杂的待办事项清单。一个科学、合理的目标应该是与战略对齐的，例如，某企业的目标是"将业务拓展到全国范围"，这个目标就可以看作企业的战略总目标，而团队和部门的目标则是在此基础上制定出来的。

OKR 是有逻辑的，逻辑的本质在于如何聚焦目标，即如何让员工知道企业想做什么。与目标配套的关键成果则阐明了员工应该怎样做才能实现目标、推动战略顺利落地。目标与战略是相辅相成的，管理者要明确目标，然后根据目标为团队和部门分配工作。这个过程就是让员工聚焦目标，使目标与战略对齐。

无论是哪种类型的企业，目标都不能脱离战略，关键成果也要围绕目标来设计。为此，管理者应该先梳理战略，从企业的角度出发制定目标，然后将战略中的假设转化为具体的因果关系链，并通过因果关系链绘制战略地图。接下来，管理者就应该把目标和关键成果分解到团队和部门，再由相关负责人将其分解给员工。

有些管理者认为，企业实施 OKR 后之所以没有获得更好的发展，是因为制定了不正确的目标。实际上，即使目标是正确的，但如果不够清晰、员工的想法不一致或者执行目标的方向有偏差，企业的发展也会受限。

因此，除了目标正确与否，管理者也要保证目标能将团队、部门、员工的工作路径清晰地展示出来，让整个组织都为了实现目标而努力奋斗。当组织中的所有成员都聚焦一致的目标时，与这个目标对齐的战略才能更顺利地在企业中落地，推动企业成长。

1.2.2 OKR 激发员工实现目标的积极性

聪明的管理者不会将 OKR 视为一个考核工具，而会将它看作一个激励员工进行自我管理的工具。20 世纪 50 年代，彼得·德鲁克提出"自我管理"的概念，主张员工应该进行自我管理，即要对自己的职业发展、成长节奏等有详细的规划。

管理者要为员工提供自我管理的机会，帮助员工成长。OKR 提倡"让所有员工都成为 CEO"，也就是让每个员工都成为管理者。当员工真正懂得自我管理时，就有更高的积极性完成目标。

除了自我管理，OKR 还可以在企业中营造一种"全员认可"的氛围。在传统管理体系下，企业认可、管理者认可等从上到下的认可模式是主流。而 OKR 体现了一种社交文化，员工之间可以相互表扬、对彼此认可。例如，腾讯每个月会为每位员工发放 6 枚勋章，哪位同事工作完成得很出色、目标完成度很高，员工就可以把勋章给谁。因此，在腾讯公司中，很多员工会为了获得更多勋章而努力工作，争取按时、高质量地完成目标。

员工获得上级的认可，周期通常比较长，范围比较窄。而且上级往往只认可那些顶尖员工，大部分员工没有机会得到认可，工作积极性会受到很大影响。而"全员认可"可以打破"部门墙"，促进团队之间的协作和相互认可。因此，获得"全员认可"简单很多。

管理者可以准备一些物质奖励，以激励员工保质保量完成 OKR。例如，伊利公司根据 OKR 的完成情况将员工分为 OKR 战士、OKR 斗士、OKR 勇士等级别，每个级别都有相应的积分，积分可以用于兑换相应的奖励。

想提升员工完成目标的积极性，管理者在实施 OKR 的过程中还应该尊重员工的意志，多与员工沟通，保障员工的参与度。同时，管理者要追踪员工完成 OKR 的情况，收集员工对 OKR 的反馈意见，及时对不合理之处进行调整和优化，保证 OKR 符合员工的期望。

1.2.3　OKR 让整个组织走向公开化、透明化

OKR 是一种帮助管理者管理员工、帮助员工实现目标的工具和手段，特点是公开、透明。在实施 OKR 的过程中，员工可以了解同事的 OKR 的内容、进度和最终结果。在谷歌公司中，OKR 的实施是公开、透明的。虽然谷歌的业务线很复杂、规模庞大，但在 OKR 的作用下，每个员工都明白其经营目标与战略目标。

谷歌每个季度都会举行一次 OKR 会议。在会上，高层管理者会公布最新的 OKR 完成情况。而且谷歌的内部网站上也有完整的 OKR 方案，所有员工都能看到方案的更新情况、完成度。谷歌给其他企业树立了一个很好的榜样，它通过实施 OKR 让整个组织变得更公开、更透明。

那么，管理者如何才能借助 OKR 推动组织走向公开化、透明化呢？方法如图 1-1 所示。

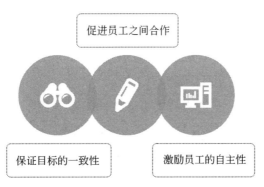

图 1-1　OKR 推动组织走向公开化、透明化

1. 保证目标的一致性

OKR 是一个效果不错的管理工具，功能之一是通过互动、沟通等方式让整个组织的目标保持一致。公开、透明的组织环境能够最大限度地保证目标一致。在实施 OKR 时，员工可以自由地查看、评论同事的目标，

而管理者可以根据员工对 OKR 的接受度和意见来调整 OKR。因此，管理者必须始终保持组织环境公开、透明，让员工在任何时候都能获得最新的OKR 资讯，并始终朝着同一个目标不断奋斗。

2. 促进员工之间合作

随着企业的规模越来越大、业务越来越复杂，员工的分工协作也越来越复杂。例如，不同的员工在目标不明确时做了相同的工作，造成人力和资源浪费。如果员工处在一个公开、透明的组织环境中，可以看到同事的 OKR 的内容和进度，并清楚地知道同事正在做什么工作以及准备做什么工作，就可以避免工作重复、冗余。同时，员工之间也可以更深入地交流，当某位员工有合作需求时，其他员工可以立刻向其提供帮助，提升组织内部的协同度。

3. 激励员工的自主性

没有实施 OKR 的企业通常直接由上级为下级制定目标、分配工作，员工可能不知道如何做才能达到目标。有了 OKR，目标的制定和完成过程就变得公开、透明，下级可以随时查看上级的目标，明确上级的想法，然后根据自己的职责和对企业发展战略的了解，自主制定并在规定的时间内完成个人目标。

下级的目标与上级的目标对齐，可以确保下级与上级朝着一个方向努力，下级的工作自主性更高。另外，在公开、透明的组织环境中，上级、同事的评价与督促有助于员工培养竞争意识和自我意识，激励他们发挥积极性和自主性，为达到目标而努力工作。

让组织变得公开、透明是成功实施 OKR 的重要前提，在封闭、信息不流动的环境中实施 OKR 是徒劳无功的。管理者必须意识到这个问题，为员工营造一个公开、透明的组织环境，保证 OKR 能真正发挥激励作用和目标管理功能。

1.3　企业如何部署 OKR

部署 OKR 是一件复杂的事情。只要管理者区分承诺型 OKR 和挑战型OKR，掌握 3 种常见的 OKR 部署模式，并按照计划逐步实施，就能轻而易举地部署 OKR。

1.3.1　区分承诺型 OKR 和挑战型 OKR

OKR 可以细分为两大类：承诺型 OKR 和挑战型 OKR。这两类 OKR 的特点不同，对企业和员工的影响也不同。

承诺型 OKR 是个人、团队或组织已经达成的共识，是必须实现的。其特点如下所示。

（1）由企业级 OKR 自上而下分解得到。

（2）员工必须 100% 完成。

（3）如果员工未完成，就会被问责。

挑战型 OKR 体现了大胆的构想和野心，甚至可以改变企业发展方向。它跳出了承诺型 OKR 的框架，通常不太容易实现。其特点如下所示。

（1）与企业的价值观、愿景相关，影响企业的未来发展。

（2）鼓励自下而上制定目标，员工只要完成 70% 就算完成。

（3）完成 OKR 会给企业带来很多收益。

（4）如果 OKR 未完成，员工不会被问责。

与承诺型 OKR 相比，挑战型 OKR 可以改变员工的工作思维，引导员工从"领导要我做什么工作"转变为"我应该如何完成工作"。从这个角度来看，在挑战型 OKR 下，员工不再只是服从领导的工作安排，而是主动思考如何更好地实现 OKR，以及如何为团队、企业贡献自己的力量。对于绝大多数员工来说，完成挑战型 OKR 的难度很高。为了保证挑战型 OKR 可以顺利完成，管理者要制定配套的激励和复盘制度，帮助员工发现问题、解决问题，使员工获得认可，激发员工接受高难度工作的信心。

在正式实施 OKR 前，管理者应该仔细思考一个问题：员工的 OKR 是必须达成的承诺型 OKR，还是存在不确定性的挑战型 OKR。不同的 OKR 往往有着不同的实现方法，管理者必须了解这些方法，并借助这些方法帮助员工顺利达成预期的目标和关键成果。

承诺型 OKR 和挑战型 OKR 没有优劣之分，它们虽然有一定的区别，但只要管理者引导员工努力地实现目标和关键成果，都能为企业带来收益。

1.3.2　3种OKR部署模式

近年来，OKR相关研究呈爆炸式增长，为企业带来了变革和创新的机遇。但是，很多企业不知道应该如何部署OKR。通过分析谷歌等代表性企业的做法，可以总结出部署OKR的3种模式。

（1）全方位部署，即所有部门都实施OKR。这是一种目前比较常见的模式，适合中小型企业、创业企业使用。此类企业往往是实施OKR的主力军，它们可以在发展初期就以一种更符合时代潮流、更能促进绩效提升的机制进行经营运作。

（2）先将某个部门作为试点了解OKR的实施效果，如果效果好再大范围推广。大多数企业选择将研发部门或营销部门作为试点实施OKR，因为传统的绩效考核工具KPI（Key Performance Indicator，关键绩效指标）不能有效地管理这些部门、解决这些部门的问题，所以管理者亟须找到更高级的工具。

（3）在项目中实施OKR。OKR的理念与敏捷开发的理念有一定的相似性，例如，二者都提倡价值提升、聚焦优先、不断创新、公开、透明等原则。对于一些需要尽快完成的项目来说，OKR是一种比KPI更有效的工具。

无论管理者选择哪种模式部署OKR，都需要经历一定的周期，这个周期可能是一个季度，也可能是半年，甚至是几年。因此管理者不能急于求成，要循序渐进地部署OKR。

在部署OKR时，管理者要充分理解OKR设定目标的方法。这种方法与传统的设定目标的方法有很大不同，管理者不能再像之前那样随便给员工安排任务或量化的指标，而是应该明确员工目前应优先完成的事项和目标的完成路径。这要求管理者必须培养商业思维和系统思维，将自己升级为"CEO"。只有这样，管理者才能在OKR实施过程中为员工提供指导。

另外，管理者要在组织内部营造有利于OKR实施的文化氛围。OKR提倡自我管理、协同、创新、责任承诺、顺畅沟通等，有了与这些要素契合的文化氛围，OKR才能真正发挥作用。在部署OKR的过程中，管理者必须定期评估文化氛围和 OKR 的匹配度，在必要时及时对其进行调整。

1.3.3 管理案例：OKR 与 KPI 的区别

很多人认为，OKR 就是 KPI，甚至一些经验丰富的管理者也会将二者混淆。虽然二者都可以为企业带来价值，在企业管理中发挥重要作用，但是二者之间有着很大区别。

KPI 是结果导向，即只看结果（结果只有两个：完成和未完成）不看过程。OKR 则是过程导向，即将目标拆分成多个关键成果，员工完成多少都可以，如果超额完成，员工获得的奖励更多。从企业层面看，OKR 会让员工更乐于挑战自己，更能激发员工的斗志，而且员工的工作压力会小很多。表 1-1 具体展示了 OKR 与 KPI 的区别。

表 1-1　OKR 与 KPI 的区别

	OKR	KPI
性质	管理工具（要结果，更要过程）	绩效考核工具（只关注结果）
管理思维	上下结合，自我管理，下级承接上级目标	自上而下，下级执行上级指令
管理周期	敏捷频率（季度、双月，甚至月度）	固定期限（通常为年度）
目标呈现形式	公开、透明，涵盖目标和进度	保密，仅责任人和上级知道
应用	过程导向，聚焦过程管理	结果导向，强调结果

与 KPI 相比，OKR 的作用更多体现在帮助员工明确目前的任务是什么、某一时间段的工作完成得如何、下一阶段的工作重心是什么。因此，它关注的是价值创造，可以督促员工思考自己应该做些什么才可以为团队、企业创造更大的价值。这样一来，员工就不会过度关注目标是否设定得太高或不合理了。

某快递公司的管理者在新季度需要为员工制定新目标，以提升服务质量，优化用户体验。如果管理者分别使用 KPI 和 OKR 为员工制定目标，那么表述形式是不同的，如图 1-2 和图 1-3 所示。

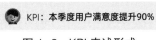

KPI：本季度用户满意度提升90%

图 1-2　KPI 表述形式

图 1-3　OKR 表述形式

　　管理者使用 OKR 制定目标，员工的思维是"我的目标是什么"；而使用 KPI 制定目标，员工的思维是"领导需要我做什么"。这两种思维对员工工作的积极性和主动性会产生不同的影响。相较于 KPI，OKR 的优势比较明显，具体表现在以下几个方面。

1. 拒绝"内卷"，关注能力提升

　　在 KPI 模式下，绩效与薪酬挂钩，管理者会根据员工的工作表现对员工进行考核。考核结果好的员工可以获得高额奖金甚至升职，而考核结果差的员工则没有奖金，还会面临被淘汰的风险。因此，员工为了获得高绩效，就会相互"内卷"，造成恶性竞争。而在 OKR 模式下，绩效不与薪酬挂钩，员工能够将工作重心放在实现目标上，不断提升自己的能力，不会把时间和精力浪费在与同事竞争上。

2. 促进组织内部的合作

　　KPI 是保密的，员工之间看不到彼此的 KPI，只有管理者才有权查阅。而 OKR 追求的是公开、透明，无论是管理者还是员工，别人可随时看到、查阅其 OKR。而且制定 OKR 的过程也是上级和下级充分沟通的过程，上级和下级可以充分了解对方的需求和工作情况，更好地合作，避免工作重复、冗余，从而减少人力和资源的浪费。

3. 激励员工自发地实现目标

目标可以帮助员工理解工作的意义，如果员工只能被动地接受领导分配的任务，就会产生一种自己是"工具人"的感觉，从而对工作缺乏主观能动性。OKR 是自下而上制定出来的，从管理者的 OKR 中，员工可以洞察到企业的发展战略，然后以此为基础并结合自己的能力和兴趣制定自己的目标。这样的目标更能满足员工的发展需求，员工更愿意为了实现目标而主动努力。

4. 给予员工挑战不可能的勇气

在 KPI 模式下，管理者会根据自己对员工的了解将任务分配给员工，员工做着自己熟悉的工作。这意味着，员工一直待在舒适圈里，很难有所进步。而 OKR 可以帮助管理者规划业务增长点、快速应对市场变化和激烈的市场竞争，促使组织内部对目标和关键成果达成共识。另外，因为 OKR 不与薪酬挂钩，所以可以很好地激励员工发挥创造性，让员工有挑战不可能的勇气，从而为企业创造更多经济效益。

从本质上来说，KPI 和 OKR 都可以激发员工的潜能，但前者是外在驱动，后者是内在驱动。在追求自由、个性的时代，员工不仅希望可以从工作中获得薪酬，更希望获得能力提升以及发自内心的成就感和愉悦感。因此，内在驱动的 OKR 更适合当今时代，但究竟应该如何实施 OKR，让 OKR 最大化地发挥价值，管理者必须有更深入的思考。

02
第 2 章

OKR 规划：
明确各角色对 OKR 的价值

随着时代的发展，传统的目标设定方法的弊端逐渐显露，OKR 应运而生。对于初创企业、现代化高科技企业、创新型企业来说，OKR 无疑是一个值得引进的管理理念和必备工具。为了充分挖掘 OKR 的价值，决策层和执行层需要承担不同的角色，HR 也需要最大化地发挥自己的作用，推动 OKR 在企业内部顺利落地。

2.1 适合引进 OKR 的 3 类企业

一直以来，从国外引进的新事物或新概念在国内落地，都或多或少地会出现"水土不服"的问题，OKR 也是如此。一些国内企业发现国外的一些巨头在使用 OKR，于是开始效仿，却落个"东施效颦"的结果。OKR 虽然是一个有效的管理工具，但并非适合所有企业。那么，什么类型的企业适合引进 OKR 呢？本节就来解决这个问题。

2.1.1 初创企业：借 OKR 实现快速发展

对于初创企业而言，使用适合自己的目标设定方法很重要，而 OKR 就是一个非常不错的方法。一些初创企业的管理者认为，OKR 适用于发展成熟的大型企业，初创企业无法从中受益。这种想法大错特错。事实证明，OKR 的确对大型企业有利，但 OKR 也是助力初创企业成长的一个非常有价值的工具。

一些初创企业对自己的发展战略和发展方向没有明确的规划，需要积极试错，积累更多成功经验，及时对发展战略和发展方向进行调整。如果企业引进 OKR，就可以最大限度地发挥目标的引领作用，确保企业始终沿着正确的方向前进。此外，OKR 强调关键成果，可以帮助企业减少不必要的资源浪费。

企业创立初期的规模比较小，往往采用直线型组织架构。在这种组织架构下，高层管理者和普通员工能建立起深厚的感情，团队凝聚力比较强。在这个时期引入 OKR，能够推动企业快速、稳定发展。

处于初创阶段的企业有着清晰的管理结构，在各层级负责人之下再设置相应的职能和岗位，能够实现管理者统一指挥与员工发挥主观能动性相结合。这是在现实中应用较为广泛的一种组织形式，每一个管理者需要负责和管理的对象都比较清晰。例如，财务部、人力资源部、行政部都由副总经理管理，而副总经理则由总经理管理。

在初创阶段，企业需要不断地探索前进的方向。虽然这一阶段企业的管理结构简单，责任划分得很清楚，传达命令的速度比较快，员工的反应速度也很快，但是对管理者提出很高的要求，管理者需要掌握扎实的专业知识和技能、亲自处理各种业务等，压力很大。尤其是业务比较复杂、有一定规模的初创企业，所有管理职能都集中在管理者一个人身上。对此，管理者可以引进 OKR，以减轻自己的压力。

2.1.2　现代化高科技企业：借 OKR 实现高效合作

在高科技行业中，产品更新换代的速度非常快，高科技企业必须不断地进行技术革新来应对行业内激烈的竞争。现代化高科技企业对员工提出了更高的要求，员工必须有创造性思维和市场敏感度。

高科技企业的员工素质普遍较高，自我管理能力强，OKR 可以培养他们的冒险精神，激发他们工作的主动性和积极性，使他们自觉地发挥创造力和价值。在高科技企业中，管理者只需帮助员工确定 OKR 即可，然后他们会自觉地实施 OKR 并根据实际工作情况进行相应调整。

高科技企业大多采用多线性组织架构，也称职能型组织架构，即按照职能进行分工，把相同职能的员工和业务组合在一起，从而设置相应的管理部门和管理职务。管理者需要把相应的职责和权力交给相应的职能部门，各部门拥有在自己管理范围内向下级部门发号施令的权力。因此，下级部门的员工除了要接受上级领导的指挥外，还需要接受上级职能部门的领导。

多线性组织架构存在一些弊端，例如，各职能部门间存在沟通壁垒，合作完成任务时往往会出现横向协调难的问题。而且在这种复杂的组织架构下，每个部门可能会优先考虑自身的利益，导致某些重要的问题被忽视，从而使项目难以顺利推进。

在企业内部引进 OKR 可以有效地解决上述问题。OKR 能够使各部门聚焦于同一个目标，各部门之间的合作将增强，各部门之间的资源能够被合理地分配和共享。总之，OKR 对目标的聚焦使员工的灵活性更强，各部门之间合作的项目能够被更好地完成，有利于企业实现稳定发展和快速成长。

2.1.3　创新型企业：借 OKR 改善组织架构

对于创新型企业来说，引进 OKR 有助于其改善组织架构。创新型企业通常将"创新"作为核心价值观，也就是说，创新型企业会持续地创新战略。引进OKR有利于创新型企业提升和强化创新能力，还可以为创新型企业提供有利于其发展的管理要素，使之形成相对稳定且科学的管理体系。

首先，OKR可以帮助创新型企业的各部门分工协作，从而形成完善的决策权分配体系。这样既能够保证组织内部信息传递的效率和真实性，使决策得到高效执行，使组织架构更科学、更合理，还能够让部门之间责任划分明确，避免因为内耗导致各种"企业病"。

其次，OKR能有效地维持企业的正常运转，最大限度地释放企业的能量，发挥组织的协同效应，最终达到"1+1>2"的运营效果。

在市场中，唯一不变的规律就是瞬息万变，传统的层级架构逐渐无法适应市场的发展和变化。正如英特尔公司董事长葛洛夫所说，"现代社会，唯一不变的就是变化"。如今，外部环境迅速变化，给企业带来了严峻的挑战。

任何问题都有解决的方法。既然随着管理层次的增加，管理效率会大打折扣，那么，减少管理层次，相应地加大管理幅度，也许就是一种可行的解决方法。OKR就是这样一种方法。OKR能够将企业形成的金字塔状组织形式通过"压缩"转化为扁平化的组织形式。

在变革组织架构的基础上继续深化OKR的实施，企业的大多数员工可以维持在同一层级水平。这意味着，管理者不得不通过授权，使员工能够相互沟通，员工处于平行、平等的地位，工作满足感较高。

引进OKR的企业一般有自己独特的、与传统科层制组织架构不同的组织架构。科层制组织架构是以专业分工作为划分各职能部门的依据，各部门之间有着明确的界限，绝对不能插手其他部门的管理工作。

与层级架构存在相同的缺陷，科层制组织架构也难以适应快速变化的环境。而引进了OKR的企业，各层级员工、各部门之间的界限被打破，同时省略一些冗余的中间管理层级，员工不仅可以直接面向行业市场，还可以直接聚焦总体战略目标。

创新型企业往往会围绕明确的目标设计核心工作流程，员工共同为目标努力，而不是以各自的职能为依据，承担相应的工作。在OKR的助力下，各部门的职责逐渐淡化，员工将实现企业的战略目标作为自己的责任。

OKR 将员工的个人目标和企业的总目标紧密地连接在一起。随着 OKR 的实施，员工应进行个人目标和企业目标管理，进行自主决策并为之负责。这样的结果是，每一位员工都真正成为企业的主人。

与传统组织架构相比，创新型企业的组织架构更灵活、更民主，员工能够自由、平等地沟通，官僚主义大幅减少，员工的创造性充分发挥。同时，结合 OKR，企业能够对包括消费者需求在内的市场形势变化做出快、狠、准的反应。

OKR 能够完善组织架构，助力企业更迅速地适应外界环境变化、实现战略目标、增强竞争力。企业可以利用 OKR 搭建简化的组织架构，明确各个岗位的工作职责，提高员工的管理能力和执行能力。

OKR 在世界范围内掀起了一股管理变革浪潮，受外部环境的影响，越来越多的企业开始实施 OKR。需要注意的是，在引进 OKR 的过程中，企业不能只注重组织架构的再造，而忽视了本质的东西——企业中的人和文化。

2.2 引进 OKR 的两种模式

从方法上来看，企业引进 OKR 有两种模式。一种是按企业、部门、个人的顺序逐渐纵向深入引进 OKR，逐层实现 OKR 的广泛覆盖。另一种是先在某个部门小范围引进 OKR，再逐渐将 OKR 横向扩展到企业更多部门。

2.2.1 从企业到个人的纵向模式

在纵向引进模式下，企业先在高管层面实施 OKR，再推广到部门层面，最后再推广到个人层面。

简单来说，这是企业战略自上而下的分解，也是企业层面 OKR 的分解，然后 OKR 会由部门层面再分解到个人层面。下面通过某企业的案例具体讲述如何纵向引进 OKR。

根据该企业的战略，管理者首先需要设定企业层面的 OKR。企业层面的 OKR 一般可以直接分解到总经理身上，然后逐层分解到各部门、员工身上。在具体操作时，该企业从财务、客户、内部运营、学习与成长等维度制定了不同的 OKR。

财务维度的 OKR 占比稍高（大约为 40%），其中收入 OKR 占 15%，利润 OKR 占 25%。由此可以看出，与收入相比，该企业更重视利润的完成情况。客户、学习与成长两个维度的 OKR 主要根据企业的任务和要求，完成相应的考核指标就可以了。

下面重点分析内部运营维度的 OKR，该 OKR 由该企业的总经理制定。在内部运营方面，该企业刚完成了薪酬绩效体系的设计，为了更好地支撑薪酬和绩效相关工作，必须出台一些配套的制度，如员工考勤制度、内部竞聘制度等。这些工作都要在第四季度完成，因此总经理制定了一些相应的 OKR。还有一些 OKR 来自企业需要改善之处，如财务制度建设、采购管理、档案管理等。

OKR 确定了以后，如何量化是令很多管理者苦恼的问题。因为很多目标都是定性的，所以企业要尽量把关键成果量化。例如，完成企业的财务制度建设这一目标的量化关键成果有两个：财务审计通过率达到 100%、财务报表差错率降低至 1%。

总经理的 OKR 确定之后，就要将其分解到各个部门。通常来说，总经理的 OKR 可以分成 3 类。

第一类是必须由总经理完成的 OKR，如战略规划。因为企业其他层级的员工能力有限或者意愿不足，所以企业的战略规划必须由总经理亲自制定。

第二类是可以交给某个下属完成的 OKR，如发布本年度供应商目录、在集团官网发表 3 篇文章等。对于这些 OKR，总经理可以将其交给某个下属完成。

第三类是需要分解给若干个下属完成的 OKR。例如，销售收入、利润等方面的 OKR 就应该按照业务类型或者区域拆分给若干个下属去完成。

员工层面的 OKR 是对岗位职责自下而上的提炼，管理者可以从岗位说明书中寻找灵感。岗位说明书为员工开展工作提供指引，规定了员工要完成哪些工作。管理者应逐一梳理岗位说明书中的岗位职责，了解岗位说明书的具体要求，以提取出相应的OKR。

例如，人力资源经理的岗位说明书中表明其负责企业的招聘工作，那么管理者就可以思考，人力资源经理在本月（或者本季度、本年度）的招聘工作上要做哪些事情，如发布招聘启事、负责面试、办理员工入职手续等。

某企业在岗位说明书中是这样描述培训经理的工作职责的：

（1）根据企业的战略和发展情况完善培训体系；

（2）研究拟订企业的培训计划；

（3）负责定期对员工进行培训；

（4）负责培训课件的制作及完善；

（5）负责培训后的效果评估，对接辅助外训工作；

（6）负责培训档案库的建立；

（7）根据培训计划审核企业培训预算；

（8）参与企业管理，引进更先进的培训模式；

（9）完成上级交办的其他任务。

管理者可以针对每一项工作职责提取出若干OKR量化指标，如表2-1所示。

表2-1 根据工作职责提取OKR量化指标

工 作 职 责	OKR 量化指标
根据企业的战略和发展情况完善培训体系	培训体系搭建的及时性，培训体系搭建的完整程度……
研究拟定企业的培训计划	培训计划拟订的及时性，培训计划的有效性……
负责定期对员工进行培训	培训计划达成率，本月完成几次绩效管理的培训，员工的参与度……
负责培训课件的制作及完善	培训课件的完成率/时间，6月30日前完成绩效培训课件的制作，单课时长设计……
负责培训后的效果评估，对接辅助外训工作	员工培训满意度，员工考试成绩……
负责培训档案库的建立	3月31日前完成培训档案库的建立，培训档案的完备程度……

工 作 职 责	OKR 量化指标
根据培训计划审核企业培训预算	培训预算的准确性，不能超培训预算，人均培训预算，培训预算达成率……
参与企业管理，引进更先进的培训模式	了解两种新的培训模式，12 月 31 日前引入行动学习法……
完成上级交办的其他任务	3 月 6 日前完成培训总结报告，咨询 3 家有资质的培训机构，收集市场上薪酬绩效领域3 名专家的资料……

2.2.2　从部门向外辐射的横向模式

很多企业会遇到这样一个问题：当某个 OKR 与几个不同的部门都有关联时应该如何处理？因为该 OKR 和很多部门有密不可分的联系，所以要想完成该 OKR，就需要多个部门协同合作。在此过程中，很可能因为某个部门、某个人、某个环节的失误导致整个项目失败。而这种情况发生往往是因为企业在最开始引进 OKR 时没有打好基础。

企业在把 OKR 分解给某部门时，首先应该分析该部门在完成 OKR 的过程中承担什么责任。如果该部门承担主要的、直接的责任，就可以评估整体的 OKR；如果承担次要、间接的责任，就应该评估分解的 OKR。

例如，某企业的年度目标有两个：一个是销售额达到 20 亿元，另一个是通过减少废品数量的方式降低废品率。这两个目标是企业层面的目标，如果管理者不对其进行分解，那么各部门以及员工就不明确自己在完成目标的过程中应做的工作、承担的责任。那么，管理者应该如何将目标量化并进行分解呢？

第一步，制定企业层面的 KR（关键成果）。

根据这两个年度目标，首先制定企业层面的 KR：

（1）销售额达 20 亿元；

（2）市场份额维持在 30%；

（3）废品率降低 5%。

第三个 KR 是根据第二个年度目标"通过减少废品数量的方式降低废品率"提炼出的，相对好理解。而第二个 KR"市场份额维持在 30%"是从"销售额达到 20 亿元"这个目标中提炼出的。

如果只设定销售额指标，可能会存在这样的情况：年末结算时，销售额指标完成了，但市场份额降低了。假设销售额为 21 亿元，超额完成 5%。但完成指标的主要原因是整个行业的增长率提升 10%，从市场份额的角度来看，该企业的市场份额降低了，这样就不能算真正完成 OKR。

如果只考核市场份额，假设该企业的市场份额维持在 30%，但是出于某种外在原因，如行业整体下滑，实际上该企业的业绩下降了，这样就不能算作真正维持 30% 的市场份额。因此，如果销售额是企业层面的目标，可以综合考虑销售额和市场份额这两个指标。

第二步，把企业层面的 KR 分解给部门。

假设该企业有销售、生产、人力资源 3 个部门。销售部门负责完成销售任务，因此销售额达 20 亿元、市场份额维持在 30%，这两个 KR 可以直接分解给销售部门。而要想使企业在市场中长期保持竞争优势，管理者还可以给销售部门增加一个量化指标，即销售满意度达 80%。

废品率降低 5% 这个 KR 可以分解给生产部门，因此生产部门主要有两个职责：一是完成生产任务，二是降低废品率。废品率高的主要原因可能是原材料存在质量问题、加工流程和工艺有缺陷等。因此，管理者可以在降低废品率方面制定以下 4 个量化指标：

（1）采购缺陷率降低 5%，从采购源头上保证产品原材料合格；

（2）单板加工合格率达 95%，从制造流程上保证产品合格；

（3）废品率降低 5%；

（4）工艺改进，从工艺流程上保证产品合格。

除了将企业层面的 KR 分解给销售部门和生产部门外，管理者还要为人力资源部门制定合适的 KR，让人力资源部门为销售部门和生产部门的正常运转提供支撑。人力资源部门的 KR 具体如下。

（1）销售人员到岗率达 99%。这个 KR 的作用是支撑"销售额达 20 亿元""市场份额维持在 30%"这两个 KR 实现。

（2）骨干员工流失率降低 2%。这个 KR 如果是针对销售人员制定的，则支撑"销售额达 20 亿元""市场份额维持在 30%"这两个指标；如果是针对生产人员制定的，则支撑"废品率降低 5%"这一指标。如果没有明确说明，则支撑 3 个指标。

（3）生产人员技能合格率达到 95%。这个指标支撑 "单板加工合格率达 95%" 的实现。

第三步，把部门的指标分解到个人。

（1）销售人员及时满足率 100%。这个指标和招聘相关，因此这个指标可以直接分解给负责招聘的人员。

（2）骨干员工流失率降低 2%。这个指标与招聘、管理层、培训有关，因此可以针对相关岗位制定相应的考核指标，招聘岗位的指标是 "改进招聘方法，新员工留有率达 80%"，培训岗位的指标是 "企业文化培训的覆盖率达 100%"。

（3）生产人员技能合格率达 95%。这个指标分解到负责培训的岗位，可以分解出 "3 月末之前制作出相关培训课程" "4 月开展针对性培训" 两个过程指标，以及 "培训覆盖率达 95%" "生产人员技能合格率达 95%" 两个结果指标。

通过把企业层面的目标分解到部门，再把部门的目标分解到每一个员工，每一个员工都会有相应的工作指标。在考核员工时，只考核与其职责相关的指标即可。

2.3　HR 是推动 OKR 实施的引领者

在当前的绩效管理中，淡化评级和强制排名成为趋势，绩效管理朝着持续、敏捷的方向发展。HR 可以将 OKR 作为绩效管理的一部分，通过定期与员工沟通，来明确员工和团队的目标和期望；通过与员工讨论任务的进度与面临的问题，共同寻找解决方案；通过提供实时的反馈，使团队上下能够聚焦于统一的目标。

2.3.1　OKR 时代，HR 的 4 种新角色

HR 是传统绩效管理变革的引领者，也是 OKR 落地的重要推动者。但是，随着 OKR 融入企业，组织内部的管理方式逐渐优化，HR 会面临很大的挑战。具体而言，HR 拥有了 4 种更贴合 OKR 的角色，如图 2-1 所示。

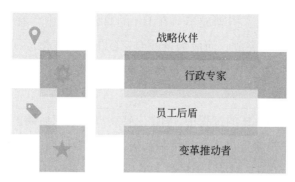

图 2-1　实施 OKR 过程中 HR 的 4 种角色

1. 战略伙伴

制定 OKR 不仅是管理者的任务，HR 也要参与其中。HR 作为管理者的战略伙伴，应该引导一些严肃、认真的讨论，和管理者一起商议企业应该如何完成 OKR。

具体来说，HR 的职责主要有以下几个。

（1）搭建企业的组织架构。所谓组织架构，就是企业的基本运作模式，HR 可以借鉴一些已经成熟的架构，如由战略、结构、奖励、流程以及员工组成的星形架构。采用何种组织架构不重要，重要的是 HR 必须了解这个组织架构，并确保其与企业实际发展情况相契合，否则很可能导致企业发展战略无法落地，加大企业"内耗"。

（2）对组织架构进行审查。在组织架构确定后，HR 还要和管理者进行讨论并对组织架构进行细致的审查，以了解组织架构的优势及不足之处。

（3）针对组织架构的疏漏之处提供补救措施。HR 对组织架构进行审查后，如果发现存在漏洞或问题，那么 HR 必须承担责任，为管理者提供有效的解决方案。

（4）把自己的 OKR 清楚地罗列出来。HR 要把自己的 OKR 清楚地罗列出来，按照轻重缓急对 OKR 进行排序，以便更高效地完成自己的任务。

2. 行政专家

HR 在企业中的第二个角色是行政专家。HR 必须提高自身的工作效率，例如，某企业的 HR 使用技术手段筛选简历，缩短了招聘周期，提升了招聘质量，降低了招聘成本。在 HR 的日常工作中，有很多流程可以多、快、好、省地完成。而成为行政专家的 HR，职责之一就是寻找并优化这样的流程。如今，一些 HR 已经在这个方面取得了不错的成就。

3. 员工后盾

在企业实施 OKR 的过程中，HR 应转型成为员工后盾。在这个新角色下，HR 的职责是激发员工的热情和积极性，培养他们的责任感和荣誉感，以更好地完成 OKR。过去，HR 通常采用的方法是组织野餐、聚会、讨论会等，如今，除了这些方法，HR 还要负责培训和指导直线经理，让他们明白激发员工热情和积极性的重要性，并掌握帮助员工实现 OKR 的方法。

4. 变革推动者

随着全球化趋势加快和技术不断发展，外部环境对企业提出了更高的要求。企业只有跟上时代潮流，才能立于不败之地。HR 作为变革推动者，职责是帮助企业应对变革、抓住变革机遇，以实现更好、更快的发展。在这方面，HR 可以组建高效的团队、招聘高端人才等。另外，HR 还要确保企业的愿景能够转化为具体的行动，同时帮助员工合理地安排他们的工作。

HR 对 OKR 的理解与认知是企业实施 OKR 的关键。因此，在实施 OKR 之前，管理者首先需要对 HR 进行培训，让他们深刻地了解 OKR 的优势和应用方法。对 OKR 了解得越深刻、越全面，HR 就越能发挥自己在 OKR 实施过程中的重要作用，从而推动 OKR 顺利落地。

2.3.2　HR 与 OKR 是最佳组合

设定 OKR 是一项以业务为中心的、有战略高度的活动，因此，这项活动需要从高层次的组织目标开始。通过参与相关业务的前端规划，HR 可以使绩效管理升级为能够产生有意义的业务成果的活动，而不再只是 HR 和企业管理者的"打钩"活动。

很多时候，HR 都需要负责执行 OKR 推行方案，尤其是在一些大中型团队或初创团队中，HR 需要选择软件工具、协调好各部门的资源，并直接向管理者报告。而就第三方服务而言，能否成功达成合作，很大程度上也取决于 HR 的决定正确与否，这间接表明了 HR 在 OKR 推行过程中的关键作用。

HR 的学习能力、逻辑能力、业务能力往往都很强，在企业中不仅需要负责招聘等基础工作，还要在企业管理者进行决策的过程中为其提供战略性的建议，是企业中最接近核心决策圈的人。

想要提高工作效率，各部门的配合与沟通是关键。HR 的工作需要各个部门、员工的密切配合，团队中的工作离不开不同岗位的协同配合。同样地，在实施 OKR 的过程中，也需要各个部门的高度配合。

OKR 与 HR 都很重视组织效率，因此二者是最佳组合。OKR 为企业提供了一种可以关注优先事项的方法，使得个人的目标与企业的目标一致，从而更高效地达成目标，取得优秀成果。而对于人力资源、销售、运营等部门来说，OKR 可以在不同部门之间创造一致性，提高了各个部门的工作效率和协同度。

2.3.3　OKR 助力 HR 开展管理工作

HR 制定的 OKR 关注的是结果而不是产出。基于结果的目标被成功设定后，员工就会在 OKR 框架下不断进行对话、反馈并受到奖励。这确保了员工和管理者都能够清楚地了解员工对实现企业目标做出的贡献和带来的价值，解决了考核过程中的一些问题。

HR 可以基于 OKR 搭建进度、计划和问题框架，即 PPP 框架，记录每个员工以及团队在过去的一段时间内做了什么、下一阶段将要做什么，以及遇到哪些问题。这一框架使整个团队保持一致，帮助员工更好地设定个人目标，并更高效地实现目标。HR 也可以以 PPP 框架为参考来判断任务进度，并及时向遇到困难的员工提供帮助。

OKR 使信息公开、透明，企业中的每个员工都可以看到他人的 OKR 以及信息更新和状态评估，从而思考如何更新自己的 OKR。在这种情况下，每个员工都为完成目标而努力，整个组织充满活力。企业中的普通员工，会产生更大的责任感，更加专注于自己的工作。当每个员工都取得进步时，这种自下而上的驱动力会促使员工共同实现更大的目标。

如何使员工全身心地投入工作并产生认同感，是 HR 经常思考的问题。OKR 可以将所有员工连接起来，无论他们身处何方，都能明确自己作为组织一员的使命和价值。员工的参与度越高，企业的凝聚力和向心力就越强。员工在对自己的目标负责的同时，也愿意实现组织的目标，并为自己对组织有所贡献而感到自豪，从而为组织创造更大的价值。

2.3.4　HR 如何推动 OKR 实施

制定战略目标是实施 OKR 过程中一个十分重要的步骤，HR 具有广阔的业务视野，在制定战略目标方面起着关键性的作用。

为了顺利推行 OKR，HR 应该与 CEO 和高管团队共同制定 OKR。各层级主管做出承诺并采取行动是 OKR 成功实施的关键因素之一。HR 应该围绕 CEO 的目标和各部门对话，找出目标在实现过程中可能遇到的阻碍。HR 还需要将高层的目标逐级分解至部门、团队、员工，并清楚地向员工阐明最终目标。

大部分组织在实施 OKR 的过程中只关注目标和关键成果，缺少实施 OKR 的规划和框架。HR 在实施 OKR 的过程中需要创建一个流程，让员工清楚目标的数量、衡量目标是否完成的标准等。

HR 应将 OKR 融入企业文化，使其成为员工日常工作的一部分，而不仅仅是一项待办事项。员工需要在每个季度初确定自己本季度的 OKR，并在季度末根据 OKR 完成情况和完成质量给自己打分。

HR 可以将整个组织的 OKR 展示在展板上，每周都对其进行更新。企业每半年可以进行一次工作总结，将所有员工在这半年内的成绩公开。这在做到更为公平和透明的同时，也给每位员工提供了学习榜样和成长的空间，促使员工不断挑战自己，以更高的标准要求自己。HR 要对新员工进行 OKR 方面的培训，并为其提供学习资源，在团队及员工完成目标时可以举办庆祝活动。

2.4　全员共创：企业上下共创 OKR

OKR 强调企业上下共创，从而使每个员工都能明确自己的工作目标和价值所在。本节提供了 3 个共创 OKR 的思路，分别是 MECE 分析法、以始为终的思考习惯、平衡计分卡。

2.4.1 分析问题：MECE 分析法

为了帮助管理者在共创的过程中更高效地思考问题，找到解决问题的对策，在此介绍一种分析问题的方法——MECE 分析法。

MECE（Mutually Exclusive Collectively Exhaustive）的中文翻译是"相互独立，完全穷尽"。它是由咨询机构麦肯锡的一名咨询顾问基于金字塔原理提出的一个重要原则，是指对问题进行分类、分层思考，从而找到问题的核心和解决措施。

MECE 分析法是一种有条理地思考问题的方法，可以很好地帮助企业管理者找到业务中存在的最根本的问题。使用 MECE 分析法思考问题时，参与共创的员工通常需要借助鱼骨图或头脑风暴法，快速地找出问题的关键，从而采取措施。

使用 MECE 分析法分析问题，可以分 3 步进行，如图 2-2 所示。

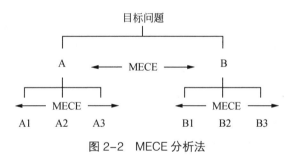

图 2-2　MECE 分析法

第一步，明确需要解决的问题（试着将这一问题分解为若干个子问题）。

第二步，将影响该问题（或子问题）的因素罗列出来。

第三步，检查所罗列的因素是否正确、完整。在这个过程中，参与共创的员工可以互相请教，也可以参考其他资料。

共创 OKR 是一个从整体到局部的过程，需要参与者做到不遗漏、不重复，想到各种可能出现的问题，系统地制定目标。MECE 分析法可以帮助参与者准确地把握问题的核心，清晰地梳理影响因素，确保大家聚焦一个问题寻找解决方案。

2.4.2 改变思考习惯：以终为始

共创 OKR 的首要任务就是形成以终为始的思考习惯，这与 OKR 的特点有关。实施 OKR 要明确目标和关键成果，目标在一段时间内是不可更改的，当关键成果实现后，目标也就实现了。也就是说，实施 OKR 要先确定终点，再根据终点灵活地选择到达终点的方法。

以 Alpha Go 为例，它就是以终为始地进行决策。人类做决策的过程会受情感、情绪的影响，因此决策周期较长、决策质量不高。而 Alpha Go 做决策不会受过去错误经验的影响，始终以"赢"为唯一的原则来思考如何落子。例如，人类棋手觉得不合理的布局，其实是 Alpha Go 以终为始进行思考的结果。

管理者实施 OKR 也要养成以终为始的思考习惯，做好顶层设计，基于对目标市场的理解、用户需求的把握、竞争格局的认知，通过系统分析确定终极目标，抓住主要矛盾，预见潜在问题和风险。这样管理者就可以根据目标配置资源，实现"缺什么补什么"，同时倒推各部门的分工，让所有员工都能知道自己扮演什么角色。

想要养成以终为始的思考习惯，管理者要注意以下几点。

1. 逆向思维逻辑

以终为始是一种逆向思维逻辑，与"摸着石头过河"的理念恰好相反。以终为始要求管理者需要先想好整个计划，并通过预演了解计划的可行性，以降低风险。

2. 对经营进行系统化思考

管理者要对企业的经营进行系统化思考，以打造健康发展生态链为目标，走打造行业壁垒的发展道路，避免"头痛医头，脚痛医脚"，忌只顾当下、忽视全局。

3. 利他主义下的双赢策略

管理者要基于利他主义运营企业，挖掘员工未被满足的需求，从而引导员工重视、践行 OKR，而不是一味地要求员工配合自己实施 OKR。

4. 剧本化分工

目标能否实现在很大程度上取决于执行是否到位，而提高执行力的关键在于让员工清楚自己在实现总目标的过程中扮演什么角色、做什么事情能推动总目标落地，从而主动创造价值。

5. 图形化描述的沟通方法

提高沟通效率的关键是让员工达成共识。管理者可以在共创 OKR 的过程中多使用图形化描述和生动的图片，通过通俗、易懂的视觉语言，让员工在脑海中形成画面。

2.4.3 善用工具：平衡计分卡

平衡计分卡（Balanced Score Card，BSC）是由哈佛大学教授罗伯特·卡普兰和诺顿研究院的大卫·诺顿提出的一种绩效评价体系。当时这两位著名的研究者想要找到一种超越传统的以财务量度为主的绩效评价模式，于是，平衡计分卡诞生了。

平衡计分卡理论主张，财务指标具有局限性，不具备前瞻性，管理者应从财务、客户、运营、学习 4 个维度衡量企业的发展战略，如图 2-3 所示。

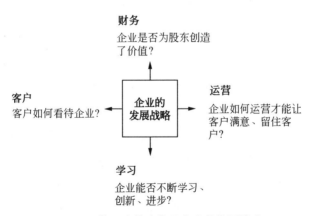

图 2-3　从 4 个维度衡量企业的发展战略

平衡计分卡从上述 4 个维度对绩效管理进行了评价，既避免了以往仅依靠财务评估而导致的迟滞性、短视性、局限性等问题，又能科学地将战略管理与绩效管理统一起来。

平衡计分卡的具体实施步骤如下。

（1）以企业的战略为指导思想，兼顾综合与平衡，根据组织架构，将总体目标细分为各部门在财务、客户、运营、学习 4 个方面的具体目标。

（2）根据各部门在财务、客户、运营、学习 4 个方面的具体目标，制定相应的绩效评估指标。这些指标要围绕企业的战略制定，还要平衡企业的长期发展与短期目标、内部利益与外部利益，综合考虑财务与非财务两方面的因素。

（3）由所有部门共同拟定各项指标的评分标准。通常是将各项指标的期望值与实际值做对比，确定误差范围，从而制定出评分标准。考核周期一般是季度或月度，管理者要对各部门在财务、客户、运营、学习 4 个方面的目标完成情况进行综合评分，并根据评分适当调整战略方向或调整原定目标与绩效评估指标，确保目标可以顺利实现。

总之，平衡计分卡追求的是全方位的平衡，即长期发展与短期目标的平衡、财务标准与非财务标准的平衡、结果与过程的平衡、管理与运营的平衡等。因此，平衡计分卡能够反映企业的总体情况，使绩效评估体系趋于平衡和完善。

2.4.4 管理案例：KPI 与 OKR 深度融合

很多企业不了解 KPI 与 OKR 的区别，会将二者混淆。有些企业实施 OKR 后，员工会因为目标或关键成果很难实现而心生抱怨。在当下这个快速变化的时代，每个个体及组织要面临的挑战之一就是学会接受。因为事物不再是二元对立，而是兼容并包。

下面分享一个源自一个游戏开发团队的 KPI 与 OKR 深度融合的案例。

游戏产品完整的生命周期包含孵化期、立项期、制作期、调优期、发行期等。孵化期的主要目标是提炼产品的核心概念，确定卖点、买点、美术风格，设计工艺验证程序，明确产品的核心竞争优势。

立项期的主要目标是明确产品的商业化前景、核心竞争力，以及团队的能力。此时团队的规模通常比较小，工作内容通常是确定的。在这个阶段，OKR 的主要功能是帮助员工实现认知与理解层面的统一。

到了制作期，团队的规模会逐渐扩大。制作期的主要目标是根据产品的核心竞争力完成相关功能的设计。在这个阶段，管理者会对制作人提出测试指标，通过吸量能力、新手留存、中长期留存和付费率等指标是否完成来评估产品是否达到合格的标准。这些测试指标就是 KPI。制作人会把这些指标作为阶段目标，共享给整个团队。只有产品达到标准，才可以顺利通过制作期，进入后面的开发流程。

有些员工在拿到这些指标后不清楚自己需要做什么，特别是负责技术、美术方面工作的员工，可能不知道如何将自己的工作与这些指标关联起来。于是，他们会被动地等待上级安排任务。同时，这些指标也无法直接分解，在这种情况下，就需要引入 OKR。

为了完成测试，管理者要与员工探讨以什么样的路径及策略工作，并制定方向性目标。基于此，管理者可以进一步制定具体的关键成果。这样产品的生产过程才是一个整体，员工才能找到不同工作之间的关联性。另外，了解了工作的方向，员工更愿意参与讨论，并提出自己的想法，这样团队氛围更活跃，有利于目标顺利达成。

总的来说，为了实现目标，管理者要带领团队进行讨论，规划出路径及具体的关键成果。这就是目标管理的过程。管理者也可以制定激进的目标，为员工留出弹性的迭代、变通空间，以确保有更好的结果产出。

03
第 3 章

OKR 准备：
为成功实施 OKR 奠定基础

对于企业来说，OKR 是一种非常有价值的管理方法，它可以帮助组织和个人把精力聚焦在重要的工作上。因此，越来越多的企业开始实施 OKR。然而，想要使 OKR 成功落地，并不是一件容易的事。在实施 OKR 之前，企业必须做一些准备工作。

3.1　制订完善的 OKR 实施计划

随着华为、阿里巴巴、字节跳动等巨头引入 OKR，很多企业纷纷效仿。于是，OKR 如星火燎原般迅猛发展，引发了管理体系变革。但有些企业准备得不够充分，在没有制订 OKR 实施计划的情况下便盲目入局，导致失败。因此，制订完善的 OKR 实施计划很有必要。

3.1.1　管理者要成为 OKR 的领头人

在现代化组织中，小到一个方案，大到一项制度，管理者对其表示认可和支持，员工会对其更上心。而如果管理者不愿意为其投入时间和精力，那么员工会懈怠。因此，只有管理者重视并反复强调 OKR 对企业的价值和作用，员工才会把实施 OKR 当成重点工作，并落实到实践中。

作为顺利推行 OKR 的关键人物，管理者要考虑 OKR 是否适合自己的企业，以及如何通过 OKR 获益等问题。如果管理者犹豫不定，那么 OKR 很可能只是一个昙花一现的变革提案，员工不会真正重视它。企业就像一辆汽车，管理者就像汽车的发动机，只有发动机努力工作，汽车才能跑得快。因此，管理者一定要带头实施 OKR。

另外，OKR 不是一次性项目，而是长期的管理变革，能帮助企业从容地应对各种挑战。实施 OKR 需要管理者先制订自己的 OKR，然后使组织内所有的 OKR 与自己的 OKR 对齐，还要建立一个固定的汇报流程确保 OKR 能服务于组织运营。这一切工作都离不开管理者的配合和带动，只有他们坚定地推行 OKR，企业才能突破重重阻碍，完成管理变革。

3.1.2　在组织内部达成共识

在制定 OKR 前，管理者需要对员工进行基本原理培训，让员工理解 OKR 并达成共识。培训能够使 OKR 更顺利地在企业中推行，帮助员工高效、合理地制定自己的 OKR。例如，某企业在研发经理的支持和推动下，开展了针对研发团队的 OKR 培训，强化了员工对 OKR 的理解和认知，员工主动思考并讨论 OKR 可以帮助企业解决什么问题。

在培训过程中，研发人员意识到 OKR 是一种成长性思维，解决的是团队成长问题，而非生存问题。在培训过后，研发人员开始反思自己的工作方法，主动将自己的目标与团队的目标对齐，并思考自己应该制定什么样的 OKR 才能快速成长、达成目标。组织内部达成共识有助于管理者清楚地感知员工和团队的价值，从而促进各部门协同工作。

3.1.3　增强员工的目标意识

在制订 OKR 实施计划的过程中，管理者需要注意增强员工的目标意识。如果员工的目标意识不强，那么他的责任感也不会太强。只有员工增强目标意识，对 OKR 充满激情，才能更大地发挥 OKR 的作用。

如何增强员工的目标意识？这就需要管理者制订的 OKR 实施计划能够体现出员工的意志。需要注意的是，员工自主选择的意志和非自主选择的意志作用相差很大。

如果 OKR 实施计划能够体现员工的意志，那么员工就会通过各种方法来证明自己的选择是正确的。并且，员工还会通过自我否定不断反思、改进工作方法，提升工作效率和质量。

如果企业的总体目标是全体员工经过商讨表决确定的，那么这个目标就是企业全体员工意志的表现。企业全体员工都会对 OKR 的实施更有责任心、积极性更高，有利于企业总体目标的完成。

如果管理者制订的 OKR 实施计划没有体现员工的意志，员工不会重视 OKR 的目标和关键成果。在接受上级命令时，员工对自我意志进行否定，认为目标与自己无关或对完成目标毫无信心。在这样的情况下，员工的行动是被动的，除了自己的本职工作之外，对其他工作缺乏积极性。

因此，管理者制订的 OKR 实施计划要体现员工的意志，培养员工的目标意识。在制订 OKR 实施计划的过程中，管理者要多与员工沟通、讨论，提高员工的参与度。同时，管理者也需要重视员工的反馈意见，根据员工的合理建议对 OKR 实施计划的不合理之处进行调整。这样才能在体现员工意志的同时，有效地增强员工的目标意识。

晓梅是杭州一家服装公司的文案专员，每天的主要任务是撰写 15 篇文案，字数不限。在公司未引进 OKR 之前，晓梅每天都是盲目地寻找素材，根据文案模板组织文案内容，虽然能够完成每天的工作量，但是文案的质量不高。晓梅认为文案质量的好坏对公司整体运营结果的好坏影响不大，自己只要每天按时完成领导交代的任务即可。公司文案部其他员工与晓梅的工作状态大体相同。

后来，该公司为了谋求更好的发展，引进了 OKR 管理体系，并最先在运营部与文案部实施。晓梅所在的团队随即进入调整状态。

在制订 OKR 实施计划的过程中，文案部总监根据公司第一季度总目标，制定了文案部的季度目标，其中一项是"利用优质文案提高转化率"。随后，文案部总监又通过部门沟通讨论的方式，帮助员工明确了自己的OKR。

晓梅也在总监的指导下，制定了自己的 OKR，内容如下：

O：写出高质量的文案。

KR1：所撰写的文案要符合"KISS 原则"（简单就是美），确保每篇文案都突出主题。

KR2：每周点赞数超过 5000 的文案至少达到 10 篇。

KR3：截至第一季度结束，文案的阅读量和转发量每月增长 30%。

通过制定 OKR，晓梅有了明确的工作目标。而且，通过参加文案部召开部门沟通会议，晓梅对整个部门的 OKR 有了清晰的了解，知道自己的工作对部门目标的完成是有促进作用的。因此，晓梅的工作积极性大幅提高。

从晓梅的案例可以看出，如果员工的目标意识不强，其工作质量就难以提高。管理者可以通过实施 OKR，让员工明确部门与自己的工作目标，从而增强员工的目标意识。

3.1.4 选择实施 OKR 的范围

企业最好不要在引入 OKR 初期就面向全体员工实施 OKR，因为面向全体员工实施 OKR 的风险很大，失败的概率也很大。

OKR 就像一门语言，有它的"语法规则"，企业必须先理解"语法规则"，并通过多次实践掌握使用方法，才能写好"文章"。此外，企业与OKR 进行长时间的磨合，OKR 才能得到更好的应用，能为企业创造更多效益。

管理者要提前计划好在哪个层面实施 OKR。一般来说，实施 OKR 分 3 个层面，即企业、团队和个人。企业层面指的是高管团队；团队层面指的是各职能部门的负责人或各业务板块的经理；个人层面指的是所有员工，即企业中的每个人。

实施 OKR 的范围直接影响 OKR 落地的难度。没有经验的企业最好先在高管团队中进行试验，这样不仅可以让高管团队明确企业的发展重点，还可以为面向全体员工推行 OKR 奠定基础，有助于员工接纳和使用 OKR。

3.1.5　为 OKR 实施选择合适的负责人

孟子涵是一家电商公司的总经理，公司引进 OKR 管理体系一年了，但她觉得效果不好。其实，在公司引进 OKR 之初，孟子涵十分看好 OKR。在实施 OKR 的过程中，孟子涵也十分重视对员工工作的监督，自己的工作量比往常增加了很多。

但是，为什么 OKR 的完成效果远不及预期？孟子涵对此感到十分不解。于是，她参加了 OKR 相关培训，系统学习了 OKR 管理的相关知识。在经过一段时间的学习和反思后，她终于明白公司实施 OKR 没有成效的根本原因在于自己管理不当。

由于公司里了解 OKR 的人不多，因此孟子涵在实施 OKR 的过程中并未指定专门的负责人，而是自己全权负责。这样一来，她的工作负担加重，没有时间和精力管理各部门、各环节的工作。

社会心理学中有一个现象叫作"旁观者效应"，是指如果多人共同负责一件事，那么每个人承担责任的意愿就会降低。例如，三个人共同负责一个项目，当项目出现问题时，没有人会主动解决问题，因为每个人都觉得其他人会承担责任、解决问题。

同理，如果实施 OKR 没有确定专门的负责人，没有人对结果负责，那么员工不会为了实现目标和关键成果而积极行动，只是被迫完成工作。负责人除了对最终结果负责外，还要汇总各类重要信息，负责在 OKR 实施过程中对目标和关键成果进行跟进与更新。

在实施 OKR 的过程中，管理者必须为各部门、各环节指定专门的负责人，这样有利于 OKR 顺利落地。指定负责人不仅能够减轻管理者的工作负担，还省去了 OKR 实施过程中众多需要向管理者汇报的环节，使 OKR 的实施更流畅、效率更高。另外，负责人能够更便捷地对自己所负责的工作进行检查，及时地发现问题并解决。

为了推动 OKR 顺利落地，各部门、各环节的负责人之间要加强交流和沟通。在完成目标和关键成果的过程中，各部门之间的合作十分重要。管理者要推动各种资源在企业范围内流动，进一步提高实施 OKR 的效率，并保障其效果。

3.1.6　创新企业文化是当务之急

OKR 受到很多企业的欢迎，但想要让 OKR 顺利地在企业落地，就要培育适合 OKR 生存的"土壤"，即建设公开、平等的企业文化。建设这样的文化，企业管理者可以从以下几个方面着手。

1. 去中心化组织

去中心化组织指的是没有统一的控制机构，不同团队各自为政但又紧密连接的组织。去中心化组织往往采用分布式组织架构，这与 OKR 倡导的高效、协同理念高度契合。实施 OKR 的要点之一是组织内每个人都能做好目标管理，每个人都担负着重要的责任。只有先在企业内部营造一个平等、开放的去中心化环境，才能激发员工实施 OKR 的积极性和自主性。

2. 平等沟通

硅谷中的很多企业都会刻意营造平等、开放的环境，让员工更好地沟通和交流，从而促进企业快速成长。而一些企业奉行领导为先的原则，员工和领导沟通时畏畏缩缩、顾虑很多，甚至与同级别的同事沟通时也不敢正面提出建议，害怕得罪别人。这样的沟通环境很难满足 OKR 即时反馈的要求。

在企业中，平等沟通不应是挂在墙上的标语，而应真正体现在工作中的方方面面。例如，上级与下级沟通工作，可以以讨论的方式，而不是下级汇报的方式进行。平等的沟通氛围更能促进员工思考，激发其释放创造力。

3. 信息公开透明，弱化等级制度

如今，很多企业都推行扁平化管理模式，但一些企业只变革了管理形式而没变革根本。扁平化管理并非只是和领导拉近距离，而是要消除沟通障碍，彻底弱化等级制度。减少审批流程、淡化汇报关系、直呼领导大名等方式，都能够使员工更平等地与领导沟通，减轻员工跨层级交流的心理负担。在良好的沟通环境中，员工才能敞开心扉，产生内生动力，从而更积极地完成目标，促进组织发展。

综上所述，OKR 不仅是一种管理方式，还是创新企业文化、营造平等沟通环境的一个绝佳切入点。它除了能提升工作效率外，还能变革企业文化、凝聚员工的力量。

3.2 鼓舞人心的目标如何制定

OKR 中的 O（目标）往往是多层级的。例如，企业顶层的目标往往来源于企业的愿景和使命，在此基础上，企业可以将目标从企业层分解到部门层、小组层、个人层，最终形成自上而下的目标体系。

制定 OKR 要从目标着手。但目标来自哪里？哪些目标能促进员工成长？合格的目标有哪些特点？制定目标要关注哪些细节？本节就对这些问题进行解答。

3.2.1 明确目标的来源

在明确企业各层级的目标时，管理者首先需要明确目标的来源。一般来说，目标的来源主要有以下两种。

1. 分解上级目标

某电商公司在季度会议上确定了季度目标，其中一个是"销售额提高30%"。随后，该公司的销售部门根据上级目标分解出自己的目标：一是拓展销售渠道，使渠道销售额提高 30%；二是提高售后服务质量和售后问题解决率，促使二次转化率提高 30%。

在设定好这些细化的目标后，销售部门就可以制定关键成果，从而一步步地实现目标。

对上级目标进行分解能够得到更加细化的目标，这些目标是依据上级目标而设定的，因此具有很高的可执行性。企业目标是多要素综合、平衡的结果，每一个目标都需要企业各部门通力合作才能完成，每个部门都要明确自己应该做的那部分工作。

因此，企业各层级在制定自己的目标时，不能单纯地复制上一级的目标，而需要对其进行分解，明确自己的职责。

2. 转换上级的关键成果

某视频媒体平台的季度OKR是这样的：

目标：延长用户的平均观看时间。

关键成果1：研发部门推出两个新的客户端操作系统。

关键成果2：运营部门每月至少发布15条高质量、有吸引力的视频。

在上述OKR中，关键成果的阐述相对清晰，细化到了研发、运营部门应负责的具体工作内容。这样，这些部门就可以直接承接与本部门有关的上级关键成果，明确本部门的目标。

企业各层级要想设定有效的目标，除了分解上一层级的目标外，还可以对上一层级的关键成果进行转换和承接。在这一过程中，上下层级之间要进行有效沟通，达成一致意见。

需要注意的是，创新性的业务更需要企业各层级间的紧密协作，需要管理者将OKR量化，各层级需要拆解上一层级的目标。而对于那些相对稳定的业务，管理者应先制定明确的目标和关键成果，再安排各层级去转换和承接相应的关键成果。

3.2.2 找到能促进员工成长的目标

在实施OKR的过程中，目标是一切工作的风向标和落脚点。企业要保证目标真正有效，能调动员工的工作积极性，促进员工成长。

例如，某公司在季度会议上确定了两大目标：提高销售额和合理组织货源。随后，该公司的销售部门将这两个目标进一步细化，如下所示。

目标一：提高销售额

（1）拓展销售渠道，使渠道销售额提高20%；

（2）打造5个金牌带货主播，总粉丝数达100万人。

目标二：合理组织货源

（1）按时完成订单，订单完成率 100%；

（2）提高物流运输管理水平，货物 100% 按时送达。

在目标一的指引下，销售部门的员工积极寻找新的销售渠道，与各大平台进行深入合作，不断优化销售策略，成功使渠道销售额提高了 20%。在这一过程中，员工的市场洞察力和销售策略制定能力得到提升，还学会了如何与不同合作伙伴进行有效沟通和协作。

为了打造金牌带货主播，销售部门的员工积极学习直播销售技巧，不断尝试新的直播内容和形式。他们还策划了一系列精彩的直播活动，成功吸引了大量粉丝关注。在这一过程中，员工的直播销售能力、团队协作能力和项目管理能力都得到提升。

在目标二的驱动下，销售部门的员工更加注重订单管理和物流运输的细节。他们与生产部门保持紧密沟通，确保订单按时完成，并不断优化物流运输流程，确保货物能够 100% 按时送达。在这一过程中，员工的订单管理和物流协调能力得到提升，还更加关注客户需求和客户满意度。

具体来说，能促进员工成长的目标具有三个特点。

（1）与员工的核心职责和职业发展路径相吻合。这意味着目标不能脱离员工当前的工作范畴，而应在此基础上进行拓展和提升。例如，市场营销专员的目标可以是"深化对目标客户的理解，提升营销策略的精准度"。这样的目标既能提升工作效果，又能让员工在理解市场和客户需求方面有所成长。

（2）强调员工的技能提升和知识学习。这包括掌握新的工具、方法或行业知识，以及提升现有的专业技能。例如，数据分析专员的目标可以是"学习并掌握最新的数据分析工具，以提高数据分析和解读能力"。这样的目标不仅有助于员工提高工作效率，还能为其未来的职业发展打下坚实基础。

（3）鼓励员工承担更多的责任和角色。随着员工经验的积累和技能的提升，他们应该被赋予更多的决策权和管理责任。因此，目标可以是"在项目中担任关键角色，负责协调多方资源，以确保项目顺利推进"。这样的目标能够让员工在实践中锻炼领导力，提升团队协作能力。

综上所述，能够促进员工成长的目标应该既符合公司整体战略又符合员工个人发展规划，能增强员工的归属感、提升员工的忠诚度，为公司的长期发展奠定坚实基础。

3.2.3 合格的目标有哪些特点

目标不是随意制定出来的，它需要满足 SMART 原则，即目标必须是明确的（Specific）、可衡量的（Measurable）、可达到的（Attainable）、有相关性的（Relevant）和有时间限制的（Time-bound）。

1. 明确的

某终端门店的目标是"员工的工作能力提升"。这个目标就很不明确，因为没有表明员工要做到什么程度或完成什么任务，才算是工作能力提升，企业也就没有办法判断、衡量员工是否达成目标。

由此可见，制定 OKR 的首要任务是把目标清晰地阐述出来，使目标足够明确。明确目标的具体方法如下所示。

（1）将目标量化，指导员工如何实施目标，让他们有步骤、有目的地完成目标。一个可量化的目标能有效地提高员工工作的积极性和工作效率。管理者需要将目标量化，帮助员工明确自己的目标。

例如，某销售团队制定了"本月销售额达到 100 万元"的目标。那么，如何将团队的目标分解到每个员工身上？每个员工的目标销售额具体为多少？员工应该如何根据自己当月的销售任务来确定每天和每周的销售计划？这些问题都是管理者需要考虑的，管理者应帮助员工量化销售额，明确具体的目标实现过程。

（2）每一个员工都有长处和短处，管理者要根据员工的工作能力为其制定合理的目标。如果管理者把目标定得太高，会使目标的实现困难重重。而如果管理者把目标定得太低，就难以激发员工的工作动力，还会造成资源浪费。

2. 可衡量的

除了明确外，是否可衡量也是评判目标是否有效的一个重要因素。那么，如何才能让目标变得可衡量？具体可以从以下 3 个方面着手，如图 3-1 所示。

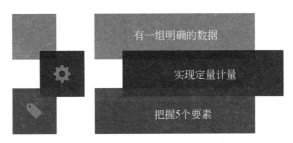

图 3-1 如何让目标变得可衡量

（1）可衡量的目标应该有一组明确的数据，可以作为衡量目标是否达成的依据。例如，某销售团队的目标是"本月完成大部分销售额"，这个目标只是一个概数，没有办法衡量，加大了企业管理者评估员工工作结果的难度。当管理者把目标量化以后，评估员工工作结果就有据可依，难度也大幅降低。例如，以上目标可以改为"本月销售额达到 100 万元"，这就是一个可衡量的目标。

（2）可衡量的目标能够定量计量。例如，"在 5 月末完成 100 万元的销售额"就是一个合理的目标。这个目标可以为后期的评估工作提供统一的、清晰的标准。

（3）有效的目标在数量、质量、时间、成本、上级（或客户）满意度方面都是可以衡量的。如果目标太大，无法从这 5 个方面来确定衡量标准，那么企业管理者可以先将目标细化，然后再从这 5 个方面确定衡量标准，如表 3-1 所示。

表 3-1 某企业目标转化

维度	目标转化描述	考核依据
数量	每月召开一次质量协调会议 每周都要对重点部门进行质量巡检 ×× 次	会议记录 巡检记录
质量	产品质量达标率要在 ××% 以上 质量管理体系年审复核通过	客户评议 年审记录
时间	出现任何质量问题，都必须在 ×× 天内解决 每月 ×× 日上交本月质量分析报告，报告符合要求	质量记录 分析报告
成本	质量造成的损失必须控制在 ×× 元以内	财务统计
上级（或客户）满意度	每月由上级（或客户）进行满意度打分，需达到 90 分	上级（或客户）评议

如表 3-1 所示，该企业从数量、质量、时间、成本、上级（或客户）满意度 5 个方面将目标转化，并对每个方面的目标都进行了明确规定，使得目标是可衡量的。

3. 可达到的

目标应该既能让员工的工作非常充实，又能让员工顺利实现。在制定目标时，不少管理者对实际情况的估计太过乐观，例如，高估员工能力、企业发展现状、市场状况等。在这种情况下，管理者很容易制定出一个脱离实际、根本实现不了的目标。如果管理者对目标的可实现性进行分析，就能避免制定出难以实现的目标。

此外，管理者不能单纯为制定出一个可实现的目标而把目标设定得过于简单，而应在保证目标可实现的前提下，使目标尽可能远大，以推动企业实现稳定增长。

4. 有相关性的

有效的目标必须有相关性，这体现在以下两个方面。

首先，有效的目标必须与战略有相关性，即目标服务于企业发展战略。目标与企业发展战略相辅相成，相关性越强，目标的准确性就越高。

其次，有效的目标是与员工相关的。员工是执行计划、完成目标的主体，因此，管理者在设定目标时必须充分考虑到员工的工作能力、工作特点等因素。

5. 有时间限制的

如果目标没有时间限制，就无法对目标的完成度进行评估，管理者和员工对完成目标的速度会有不同的认识，不利于不同部门、不同流程之间的协调。例如，一些企业出现管理者对工作进度十分着急，但员工并不知情；某部门的工作十分急迫，但其他部门没有及时配合等问题。这往往是由于目标没有时间限制，导致管理者与员工、不同部门之间产生了认知分歧。

管理者可以通过判断不同工作的权重和轻重缓急来合理地设定目标的时间限制。同时，管理者在设定目标的时间限制时，要确保其能够与各部门、员工的工作日程相结合。设定时间限制后，管理者最好将其公布在告示板上，或通过会议、邮件等形式通知员工，以便让员工了解工作的缓急程度，从而有计划地开展工作。

3.2.4 关注设定目标的三大细节

在设定目标时，管理者需要关注三大细节。

第一，考虑目标与企业系统的配套性。

管理者在设定目标时，需要考虑目标与企业系统的配套性，因为每一个目标都需要多层次、多个系统协调、配合才能完成。在设定目标时，管理者需要从以下三个方面出发进行考虑。

1. 目标层次间的配套性

管理者在设定目标时，需要考虑目标层次间的配套性。完整的目标层次包括企业目标、部门目标、员工目标，这三方面目标的设定都需要管理者格外关注。管理者也需要在目标分解的过程中对各层级目标的设定进行监督和检查，保证其与企业总目标保持统一。

2. 职能目标间的配套性

管理者在设定目标时，需要考虑职能目标间的配套性。为完成企业总目标，管理者需要为各职能制定合适的目标。这些目标体现在经济效益、技术进步、产品质量、团队建设、人才培养、市场占有等多个方面。为确保各职能目标间的配套性，管理者需要明确其包含的主要内容和权重。

3. 时间的配套性

管理者在设定目标时，需要考虑时间的配套性。为明确目标、保证目标顺利实现，管理者需要把完成总目标的过程划分成几个阶段，如长期目标、中期目标、短期目标等，使整个过程能够在时间上实现顺畅衔接。

第二，考虑目标的挑战性。

为了激发员工工作的积极性，管理者需要设定具有挑战性的目标。具体来说，管理者可以从 3 个方面入手。

1. 愿景与目标

愿景是对企业未来发展的描绘，而 OKR 可以推动企业愿景实现。例如，某企业的愿景是"成为行业领军者"，根据该愿景，其在当前阶段的目标是"研发出一款在行业内有影响力的产品"，或"本季度销售额提升60%"。可以说，愿景是企业发展的方向，而目标则是实现愿景的具体行动和计划。明确二者之间的关系，企业才能稳步向前。

2. 定性与定量

由于企业目标与企业愿景接近，因此管理者可以用定性的语言来描述企业目标。而部门目标和员工目标来自对上级目标的承接和分解，因此更需要被定量。

3. 目标的承接和分解

下一级的目标可以来自上一级的目标或关键成果。在目标的承接和分解中，同样可以体现出目标的挑战性。

（1）来源于上一级的目标。例如，上一级的目标为"本季度销售额提升 60%"，下一级的目标可以分解为"本季度 A 地区的销售额提升 80%"。在对上一级目标进行分解时，可以适当增强下一级目标的挑战性。

（2）来源于上一级的关键成果。例如，为了达成"研发出一款在行业内有影响力的产品"的目标，上一级设定了"产品新用户在一个月后的留存率不低于 50%"的关键成果，研发部门可以该关键成果，设定目标为"每月进行不少于一次的重大更新"。

企业目标应依据企业愿景而设定，应具有挑战性。企业目标可以是不定量的，但需定性。此外，在目标承接与分解的过程中，可以适当提高目标，使其具有挑战性。

第三，避免设定大而全的目标。

许多企业为实现全面发展，会设定一些大而全的目标。但是大而全的目标并不适合所有的企业，因为这样的目标完成起来难度很大，对企业管理、资金、资源和协作能力都提出更高的要求。因此对于一些初创公司或者处于转型期的公司来说，不适合设定大而全的目标。

大而全的目标在实现过程中容易出现很多问题。

首先，目标可以分解为很多关键成果，大而全的目标会使得关键成果过于分散，会极大地降低 OKR 的完成效率。

许多发展成熟的大型企业会设定大而全的目标，由于其具有完善的公司结构和丰富的资源，因此可以将目标分解到各个业务部门，再纵向分解到员工层面，通过细化分工来提高 OKR 的完成效率。但是小型企业的人力、物力资源有限，无法同时兼顾多项工作，有时甚至需要一人身兼数职。人力、物力资源的缺乏会导致 OKR 的完成效率较低，工作质量也得不到保证。

其次，关键成果过多，OKR 完成效果差。

大而全的目标会导致关键成果过多，分散企业的资金、人力、物力等资源。其中一些关键成果得不到充分的资金和资源支持，完成效果差。

关键成果过多可能是因为其中存在一些与企业目标关联度不高或者与企业发展方向不吻合的关键成果。这样的关键成果会扰乱员工工作的方向，导致 OKR 完成效果差。

最后，OKR 实施模式多样，无法系统化。

大而全的目标会产生多样的实施模式。不同的模式在实施的过程中依赖的职能和部门有所不同。如果企业没有搭建完善的组织架构，那么在实施 OKR 时，管理者的管理和协调压力倍增难，甚至导致整个企业陷入混乱。

总之，如果企业没有能力，就不要一味地苛求实现大而全的目标。对于处于发展初期的企业来说，建立小而精的目标才能更好地集中资源打造优势。

3.3 可量化的 KR 如何制定

在 OKR 中，目标（O）是对企业前进方向的一种定性描述，回答的是"要完成什么任务"的问题。而关键成果（KR），则是一种用来衡量目标实现情况的定量描述，回答的是"如何完成任务"的问题。如果说目标是企业前进道路上的"指南针"，那么关键成果则是助力企业脚踏实地、勇攀高峰的"登山杖"。企业有了鼓舞人心的目标，还必须有可衡量的关键成果。

3.3.1 挖掘关键点，精简关键成果

一个明确的目标分解出来的关键成果不需要很多，因为过多的关键成果反而会模糊工作的重点。如果两个关键成果之间有很大的相关性，或者一个关键成果比另一个关键成果更重要，管理者可以比较、分析两个关键

成果，留下更重要的那一个。

例如，一家化妆品公司设定的目标是"提高用户的黏性"，根据这个目标设定的关键成果有："每周用户使用产品的平均次数为 5 次"和"每月用户使用产品的平均次数为 25 次"。在分析这两个关键成果时，管理者就可以明确哪个关键成果对提升用户的黏性更重要，然后将其留下。

精简关键成果不代表只留下一个关键成果。关键成果之间是否相互制约并互为补充，能验证目标是否完成。某企业的目标为"让粉丝流量变现成为产品的主要收入来源"。那么，管理者可以设定两个关键成果"粉丝转化率大于 50%""粉丝量增加 50%"。后者为前者提供支撑，能够更好地实现目标。

精简关键成果的重点在于要聚焦最关键的那个成果，然后在此基础上集中企业的人力及资源，顺利地实现目标。需要注意的是，关键成果要有非常强的指向性，以保证员工的工作方向是正确的。

3.3.2　切勿以任务为核心制定关键成果

很多管理者直接将某项具体任务设定为关键成果，这是不合理的。

张某是一名客服经理，他将自己的关键成果设定为"本月向 20 名用户发送反馈邮件"。这其实是在描述他的工作任务，但关键成果强调的是结果而非任务。向用户发送反馈邮件的目的是什么？可能是了解用户满意度，也可能是通过用户反馈分析产品存在的问题。"本月将用户满意度由 90% 提升至 95%"就是一个描述结果的关键成果。

将具体的任务设定为关键成果存在较多的不确定因素，因为完成任务可能直接推动关键成果实现，也有可能关键成果不会实现。对于一些需要较长周期才能完成的目标，管理者在设定关键成果时就不能只描述任务，因为任务无法充分反映目标达成的核心要素和预期成果。

管理者的目的是找出影响目标的关键成果，而不是列一个任务清单。任务通常指那些在短期内就能完成的工作，不能作为关键成果。"给用户发一封邮件""会见新的销售经理"是任务而非关键成果，而"本月销售额同比增长 20%"是关键成果。

管理者想要区分自己描述的是任务还是关键成果，要看自己使用了哪些词。如果使用了"帮助""辅助"等词，那么描述的就是任务而非关键成果。管理者需要思考："为什么要帮助、辅助？""这样做的目的是什么？"通过对任务进一步思考，管理者就可以从任务的结果入手来设定关键成果。

3.3.3 "三化"原则：量化、细化、流程化

在设定关键成果时，管理者要把握量化、细化、流程化的原则，即能量化的要量化、不能量化的要细化、不能细化的要流程化。这是保证关键成果能够顺利实现的关键因素。

1. 能量化的要量化

量化能够确定工作的标准，使抽象的工作变得具体，还能够对工作进行精确的定量评估。对于可以量化的关键成果，管理者一定要尽量将其量化，这样的关键成果对员工更具指导意义。

2. 不能量化的要细化

细化是将关键成果进行分解，明确关键成果应完成到什么程度、达到什么标准。对于不能量化的关键成果，管理者要进行细化。细化关键成果也能够明确工作标准，有利于关键成果的实现。

3. 不能细化的要流程化

职能部门的工作比较单一，往往会长期进行一项工作。这种工作用量化、细化的方法都无法准确衡量其价值，如会计、培训人员的工作等。对于这种工作，管理者可以采用流程化的方法把工作分类，通过流程确定关键成果。对于每个流程，管理者都可以从多个方面来衡量、分析，以确定具体的关键成果。

为了确保关键成果清晰、明确，管理者需要坚持量化、细化、流程化的原则对关键成果进行定量或定性。一些部门的工作可能难以被量化为关键成果，对于这种情况，管理者不能忽视，可以通过细化、流程化的方法来设定关键成果。

3.3.4 把所有可能性考虑在内

在管理者设定一个目标的关键成果时，可能会出现一些看似非常合理

的备选项。如果仅凭感觉，就不对关键成果做进一步的分析，管理者就可能设定出有偏差的关键成果。

某快餐连锁企业的管理者想要提升客户满意度，并增强企业的盈利能力。由于缺乏数据支撑，该管理者主观地认为员工流失率是影响客户满意度的重要因素。因此，该管理者将降低员工流失率作为一个关键成果，投入了大量资金成本来留住员工。

然而，经过一段时间的调整后，该管理者发现，一些员工流失率高的门店的利润率和客户满意度都比较高，而一些员工流失率比较低的门店的利润率和客户满意度却不太理想。

关键成果是经过对比分析确定的。管理者必须充分考虑所有的可能性，在众多可执行的关键成果中选出最优的几个。换言之，管理者在设定关键成果时，不能因为某个关键成果看似合理就草草确定，也应对其他关键成果进行分析，对比选出最合理的几个。

管理者在设定关键成果时，必须在明确目标的基础上考虑到所有的关键成果，然后根据每个关键成果对目标的聚焦度对它们进行分析，从中挑选出能推动目标实现的关键成果。只有在设定关键成果时考虑到所有的可能性，管理者才能保证关键成果的精准性和有效性。

3.3.5　明确关键成果的数量区间

为了获得更多粉丝，一家创办不久的知识付费平台希望推广专员能将粉丝转化率提高到60%。但是推广专员还要负责组织社群活动及进行线下推广。在这种情况下，要使粉丝转化率达到60%，推广专员势必会超负荷工作。

考虑到推广专员的工作量，该知识付费平台设定了数量区间型关键成果，即每个月的粉丝转化率维持在45%～60%。

类似的关键成果还有：

（1）社群管理人员的每周工作时间为30～45小时；

（2）员工的离职率控制在3%～5%；

（3）包装成本占总成本的比例控制在8%～10%。

数量区间型关键成果也可以称为关键成果区间记录法，其主要通过对各种项目、工作记录和其他相关记录进行分析来收集反馈资料，并根据收集到的信息设定员工的关键成果，就某一具体工作项目为员工划定一个可接受的任务数量区间。

数量区间型关键成果界定了员工工作成果的可接受范围。其特点是可以明确企业对某一目标的期望区间，直观显示可接受范围的最大值和最小值。

例如，上海一个塑料加工厂就为车间工人设定了数量区间型关键成果。

该塑料加工厂分为三个区域，其中一块区域为塑料切割区，属于整个加工工艺中比较重要的部分。待切割塑料产品经过塑料切割工序时，工人虽然只需要按照仪器操作要求进行切割，但加工厂对产品切割的准确度要求较高。于是，该加工厂在具体的量化考核中，设定了三个数量区间型关键成果，如图 3-2 所示。

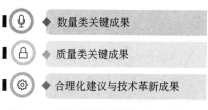

图 3-2　数量区间型关键成果的内容

1. 数量类关键成果

数量类关键成果以关键成果量化标准规定的塑料切割工人每个工作日要完成的固定的、有效的合格产品的数量为标准。另外，在数量类关键成果中还需要统计完成总工时、平均完成日工时、定额完成率、定额超额率等数据。

2. 质量类关键成果

塑料切割产品的质量是关键。为了保证产品质量，在待切割塑料产品被切割前，会有质检人员对其进行检验，因此，到达切割工人手中的待切割塑料产品都是合格的。产品合格率是质量类关键成果的重要内容，包括优质品率、废品率、返修率等。

3. 合理化建议与技术革新成果

在量化关键成果时，该加工厂对塑料切割工人提出的合理化建议和技术革新成果等也设定了相应的数量区间型关键成果。

数量区间型关键成果主要适用于工作任务明确、稳定且成果能够量化的工作岗位。采用数量区间型关键成果时，管理者要注意记录与OKR有关的员工的关键成果，全面反映员工的工作实绩，从而划定可接受范围内的关键成果。

设定数量型区间关键成果的方法相对简单，其比较适合那些流程规范、考核方式简单的工作程序或工作内容。关键成果完成的情况能够直接反映出员工的工作成果。

3.3.6 如何避开设定关键成果的陷阱

了解如何设定关键成果后，管理者还需要了解设定关键成果时可能遇到的两大陷阱：价值生效周期过长；对结果的要求过于苛刻。

陷阱一：价值生效周期过长

有些关键成果虽然有一定的价值，但需要经过很长时间才能够体现出来。此类关键成果在大多数情况下无法对OKR的实施产生直接、有效的推动作用。例如，一家初创企业的管理者计划在内部施行OKR，设定了"提升企业整体业务水平"的关键成果。

由于该企业还处于起步阶段，各方面的业务还不成熟，发展体系还不完善，因此员工不可能在短期内就能提升业务水平。但既然设定了这样的关键成果，员工不得不硬着头皮干。

为了提升整体业务水平，员工只能先从业务中的劣势部分入手，优化业务中的劣势部分，在各个部分发展均衡后再提高整体业务水平。

受资金、资源、能力等方面的限制，先优化劣势使得员工疲惫不堪，更遑论提高企业的整体业务水平。最后，该管理者在总结时发现，企业的业务水平不但没有提高，反而下降了。

其实，类似于"提升企业整体业务水平"这样的关键成果很难帮助企业突破瓶颈，无法满足企业快速发展的需求。假如管理者设定这种长时间才能完成的关键成果，员工很难抓住当前的工作重点，并且员工会对如何完成关键成果感到迷茫。

另外，本来管理者可以通过目标的完成情况来检验员工的工作，并据此对员工进行有针对性的指导。但长效关键成果的完成周期较长，管理者难以通过其完成情况检验员工的工作，自然也无法对员工进行有效的指导。在这种情况下，员工的工作很可能会偏离正确的方向，如果管理者无法及时纠正员工的错误，就会对企业的发展造成严重影响。

陷阱二：对结果的要求过于苛刻

如果管理者在设定关键成果时急于求成，就容易陷入终局误区。某电商公司设定的目标是"本月总销售额达到 200 万元"，据此设定出每个销售团队需要完成的销售额，并将其细化到每一位员工身上。

管理者在设定关键成果时，详细设定了每位员工每周、每月需要达到的销售额，除了销售额外，关键成果里未包含其他内容。因为管理者过多地关注销售额，销售人员为了实现关键成果，将工作重心由"将商品卖给消费者"转变为"将商品卖给经销商"。这使得员工的工作方向出现偏差。

如果销售人员通过向经销商销售商品来完成关键成果，其实不会对销售增长有任何帮助。按照平常的进货量，经销商每月只需要采购 2000 件商品，但在销售人员的推销下，经销商在当月多采购了 1000 件。这样销售人员当月的销售额达成了，但由于经销商本月多采购了商品，因此下个月经销商的商品采购量将会小于 2000 件。

销售人员只是让经销商下个月的采购工作提前到了这个月，表面上看销售人员完成了当月的关键成果，实际上销售人员只是玩了一场"虚假销售"的游戏，这对企业的发展没有任何好处。电商企业需要的销售额是实实在在的、消费者消费而产生的销售额，而将商品销售给经销商只是完成了商品向销售渠道的转移，并没有产生实际的销售额。

以上案例表明管理者在设定关键成果时陷入终局误区所造成的不良后果。如果管理者在设定关键成果时急于得到最后结果，会导致员工在完成关键成果的过程中过于重视结果而轻视过程。员工可能会为了达到结果而采用一些不恰当的工作方式，从而影响企业的正常发展。

3.4　精准评估 OKR

有了合适的目标和关键成果，管理者就可以对 OKR 进行评估。但因为种种原因，如管理者缺乏实施 OKR 的经验、设定的评估标准不合理、过于关注绩效等，OKR 的评估结果很容易出现偏差。本节就来解决这些问题。

3.4.1 设定一个合适的评估标准

在实施 OKR 的过程中，为了清楚地了解员工的工作情况，管理者需要制定明确的 OKR 评估标准，这样管理者就可以根据评估分值来衡量员工的工作水平。

谷歌制定了明确的 OKR 评估标准，即 0 ～ 1。在每个季度末，谷歌的每位员工平均要接受 5 个方面的 OKR 评估。如果某位员工的评估项目很多，表明其被解雇的可能性较大。合理的评估分值为 0.6 ～ 0.7，太高或太低都不好。如果分值太高，表明员工的目标设定得太简单；而如果分值太低，则表明员工的工作能力不足或工作方式有问题。

谷歌对 OKR 评估有以下 4 个规定。

（1）目标必须是能够表现出野心的，需要有一定的难度（由个人和企业共同设定）。

（2）关键成果必须是可衡量的且能够量化（每个季度末给关键成果打分）。

（3）OKR 评估分值是公开的，企业的每位员工都能够了解同事的工作以及过去一段时间他们的表现。

（4）理想的评估分值为 0.6 ～ 0.7，如果某位员工连续几次拿到 1 分，那么表明该员工的目标难度不够。另外，获得低分值的员工不应该受到责罚，管理者可以通过分析其工作数据，帮助他改进下一季度的 OKR。

进行 OKR 评估的目的是激发员工的工作热情和积极性，让他们能自发挑战有难度的工作。即便员工只完成有挑战性的目标的 50%，也要好过100% 完成过低的目标。

无论员工的评估分值高低，管理者都应该对 OKR 的内容或者员工的工作展开调查，以便有针对性地改进 OKR 方案或帮助员工调整工作方式。

3.4.2 评估结果与绩效不能混为一谈

OKR 是一种的提升企业竞争力和员工持续交付能力的手段，可能会给企业带来超过预期的隐性价值。如果管理者将 OKR 与绩效挂钩，就会极大地降低 OKR 的价值。OKR 评估结果与绩效之间的关系应该是彼此有一定的独立性但又有关联的。

基本决策理论告诉我们，决策是管理工作的本质，管理始终围绕着决策进行，决策对管理起着重要作用。将绩效与 OKR 评估结果挂钩，就使 OKR 成为一种能让员工升职加薪的单调"数字"，OKR 就失去了意义。

OKR 是一个能够推进企业战略落地、持续提升员工能力和业务水平的管理体系。它主要包括 OKR 制定、OKR 培训、OKR 复盘、OKR 评估等环节，这些环节有机循环可以激励员工不断成长，推动企业战略顺利落地，如图 3-3 所示。

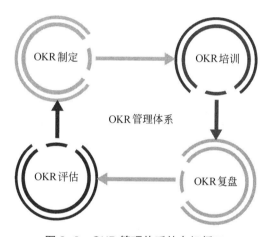

图 3-3　OKR 管理体系的有机循环

OKR 与绩效管理都是企业开展管理工作的常用方法。两者虽然都与管理相关，却是完全不同的概念。有些企业管理者往往将两者混为一谈，过分强调绩效，在进行资源分配时总是以绩效为核心。

盲目地将 OKR 评估结果与绩效挂钩就等于直接以结果为导向，只注重员工的绩效和企业的眼前利益，而忽略员工的内在驱动力，以及企业的价值文化、业务特点等，不利于企业的长远发展。

OKR 是以企业发展为导向的管理体系，绩效是其中必不可少的组成部分。如果管理者只是简单地进行绩效考核，只注重眼前利益，不重视 OKR 对管理体系的支持作用，那么无法起到长期激励员工的作用。

对于管理者来说，正确的做法应该是综合考虑管理体系中的每个环节，让员工意识到无论是 OKR 还是绩效考核，都会促进其成长。而且，OKR 还可以充当管理者与员工之间有效沟通的媒介。通过 OKR，管理者可以深刻了解员工的优势与不足，给予员工相应的培训支持，从而提高员工的个人素质，培养其团队精神，推动企业蓬勃发展。

3.4.3 实践案例：减少人力评估，管理工具加持价值

2017 年的一项调查表明，45 年内，人工智能在所有任务上超越人类的概率是 50%，并且会在 120 年内将所有的人类工作数字化。事实确实如此，人工智能技术出现后，智能设备层出不穷，很多工作都变得数字化。例如，自动化系统采集员工的 OKR 数据并对员工的 OKR 完成情况进行评估。

某企业引进了一个 OKR 软件，该软件可以基于不同的业务角色和业务场景，对员工的 OKR 内容、进度和最终结果等进行管理，从而形成全生命周期的 OKR 闭环。该软件的所有功能都围绕 OKR 设计，可以引导员工聚焦目标，实现部门之间的协同，推动企业实现业务增长。在 OKR 评估方面，该软件的功能覆盖 OKR 评估全流程，能帮助管理者高效地完成 OKR 评估。该软件的功能如下。

（1）支持单人／多人评估，管理者可以根据目标指定不同评估人，使用多种评估模式。

（2）支持处理固定量表、动态量表、自定义流程、强制控制分布等特殊业务。

（3）为管理者提供评估所需的 OKR 数据和信息，如 OKR 制定记录、目标完成情况、员工沟通记录、员工反馈记录等，使评估的结果更客观、更精准。

（4）随时更新目标进度，及时分享关键成果的状态。

（5）员工个人和直接上级对 OKR 实施过程中的收获进行陈述。系统根据员工的自我陈述及 OKR 数据对员工进行综合考量，为上级做评估和指导员工工作提供依据，如图 3-4 所示。

（6）自动形成目标进度评估报告、绩效表现报告等多种报告。

有了 OKR 工具，OKR 评估变得更简单，管理者可以从复杂、枯燥的评估工作中解放出来。在评估过程中，管理者的角色逐渐转变为咨询师

或监督员，需要对员工进行指导和监督，并对 OKR 工具进行操作和管理，而不是像之前那样总是专注于一些基础性工作。

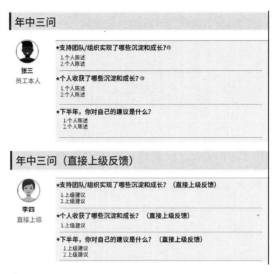

图 3-4　员工自我陈述与直接上级反馈

技术的发展和 OKR 工具的出现让工作变得数字化、智能化。在数字化时代，能充分利用 OKR 工具的管理者可以从中获益，推动公司长久地存续。另外，管理者不应被动地接受、使用 OKR 工具，而应成为 OKR 工具的支持者和推广者。OKR 工具可以优化员工的工作体验，改变员工对 OKR 的看法，提升员工对 OKR 的认可度，从而优化 OKR 管理体系，实现信息化协同，更好地赋能员工。

04

第 4 章

OKR 实施：
OKR 方案推动协同效率提升

为了顺利实施 OKR，一些管理者对很多案例进行深入研究，但还是不得其法，在实施过程中频频"踩坑"。OKR 是一个比较简单但价值很高的管理工具，实施起来不是特别复杂。因此，管理者只要抓住要领并坚决执行，即可在组织内部成功实施 OKR。

4.1 决策层与执行层在 OKR 实施中的角色

顺利实施 OKR 对于企业来说是一个非常严峻的挑战。无论是决策层还是执行层，都要接受一个全新的事物，这可能触及他们的知识盲区。即使前方困难重重，他们也要明确自己在 OKR 实施过程中的角色，并尽力承担相应职责。

4.1.1 决策层在 OKR 实施中的角色

在实施 OKR 的过程中，决策层面临种种挑战，较为重要的一个是如何在这个过程中为员工提供帮助，使员工的各项工作顺利开展。为此，决策层需要做好以下角色，如图 4-1 所示。

| 管理者 | 领导 | OKR 协作伙伴 |

图 4-1　决策层的 3 种角色

1. 管理者

决策层在实施 OKR 的过程中需要担任管理者的角色，要对员工的 OKR 实施进度进行追踪和分析，并对实施 OKR 的节点进行把控。在员工的工作方向偏离时，管理者要及时帮他们纠正错误。同时，管理者还要激励员工，以提高他们的工作效率。

2. 领导

决策层是员工实施 OKR 过程中的领导。员工通常会将自己的上级称为领导。领导不只是一个职位概念，更是一种行为方式的具体表现。决策层的领导角色通常体现在两个方面。

一方面，决策层作为领导要对 OKR 的实施进行计划、组织和控制，并进行资源分配，以协助员工的工作；另一方面，决策层的影响力、威信力，对员工的工作有积极的推动作用，能够激发员工产生内在动力和进步的欲望。

3. OKR 协作伙伴

就在团队中实施 OKR 来说，团队的负责人与员工是合作伙伴关系。负责人引导员工更好地完成工作，员工完成 OKR 能够助力负责人的 OKR 实现。双方共同努力，团队才能获得更好的发展。负责人与员工共同完成 OKR 的优势主要表现在以下 3 个方面。

（1）OKR 共同体。负责人的 OKR 与员工个人的 OKR 是密切相关的，负责人可以帮助员工更好地实施 OKR，而员工 OKR 的完成情况决定了负责人 OKR 的完成情况。

（3）双方可以建立平等关系。负责人与员工之间是平等的关系，双方通过平等对话实现更有效的沟通，加速 OKR 的实施进程。

（3）从员工的角度出发思考问题。共同完成团队 OKR 要求负责人从员工的角度出发思考问题，这样负责人可以更准确地了解员工身上的不足之处以及遇到的问题，从而及时帮助员工解决问题。

在实施 OKR 的过程中，决策层应该多以平等对话的方式就 OKR 完成进度与员工面谈，并及时为员工提供辅导，以助力其技能提升，促进 OKR 顺利实施，让 OKR 真正发挥作用。

4.1.2　执行层在 OKR 实施中的角色

肖旭和李然同为一家电商企业的客服人员，两个人的工作目标都是"打 100 个电话询问客户是否有意向购买产品"。虽然两个人的目标相同，但采用的方法不同。

肖旭按照客户名单逐个给客户打电话，询问客户的意见并记录，然后将客户分为 3 类：强烈意向客户、准意向客户和无意向客户。肖旭完成这些工作花费了 3 天的时间。李然没有直接给客户打电话，而是先将 100 个客户分为新客户和老客户，然后优先给老客户打电话。李然仅花费 2 天时间就完成了工作。而且李然还对这 100 个客户进行了属性分类，以深入地挖掘潜在客户、更好地实现业务对接。

肖旭和李然同为执行层的员工，明显后者的工作能力强于前者。工作能力不仅体现在工作结果上，还体现在工作方式上。在实施 OKR 的过程中，执行层能够最大限度地发挥自己的自主性，而这种自主性直接地反映了执行层的工作能力。执行层可以从以下 3 个方面入手提升工作能力，推进 OKR 完成，如图 4-2 所示。

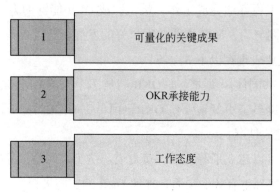

1	可量化的关键成果
2	OKR承接能力
3	工作态度

图 4-2 执行层推进 OKR 完成的 3 个方面

1. 可量化的关键成果

执行层的 OKR 聚焦于某一具体目标，特点是细化、量化和流程化。执行层通过履行工作职责，充分发挥自身作用，致力于完成既定的关键成果，从而对企业及部门的发展做出贡献。执行层需要从数量、质量和效率三个方面入手，确保所设定的关键成果是具体的、可量化的。这就要求执行层要明确自身的工作任务、OKR 的完成标准、对谁负责等问题。

2. OKR 承接能力

OKR 承接能力指的是执行层处理上一层级分解下来的任务的能力。执行层要深刻理解上一层级下达的任务，并尽自己最大努力完成任务，以更好地承接 OKR。

3. 工作态度

在企业中，决策层可能会遇到这样的情况：有的执行层员工工作能力强，但态度有待改进；有的执行层员工工作态度比较好，但业务水平不高。

从某种意义上来说，工作态度比工作能力更重要。好的工作态度可以让执行层员工正视自己的问题，积极找出解决办法，这样 OKR 就更容易完成。如果 OKR 难度过大，企业各层级可以做出相应的调整，但执行层员工的工作态度往往需要放在第一位去调整、改善。

4.2 推动 OKR 实施的时间因素

如果管理者制定好目标和关键成果，也对 OKR 进行了评估，就可以尝试将 OKR 落地。此时管理者面临的问题是：如何平衡时间，以保证 OKR 顺利实施。解决这个问题的关键点有 3 个：设计实施周期、制定时间框架、明确截止日期。

4.2.1 实施周期：与企业高度匹配

实施 OKR 要有明确的周期。引进了 OKR 的企业需要根据行业发展情况和自身运营情况明确 OKR 实施周期，并在实施过程中严格按照这个周期开展工作。实施 OKR 的周期为多长时间比较合适呢？对于这个问题，大多数管理者都无法给出一个非常精准的答案，因为很多因素都会对 OKR 实施周期产生影响，如图 4-3 所示。

图 4-3 与 OKR 实施周期有关的因素

1. 企业奖励发放周期

企业奖励发放周期会影响 OKR 实施周期。企业奖励发放的依据之一是 OKR 完成情况，因此，奖励应该在 OKR 评估结束后发放，如图 4-4 所示。

企业奖励发放周期应该大于或等于 OKR 实施周期，换言之，企业奖励发放是建立在 OKR 评估工作完成的基础上。如果奖励是按照季度 OKR 的完成情况发放，那么 OKR 的实施周期可以是季度或月度；如果奖励是按照月度 OKR 的完成情况发放，那么 OKR 的实施周期应该设定为月度或更短的时间。

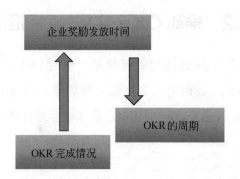

图4-4　OKR实施周期与企业奖励发放周期相互影响

2. 工作任务完成周期

如果员工的工作任务没有完成，那么管理者就缺乏考核员工的直接依据，考核工作有一定的难度。而在员工完成工作任务后对其进行考核，则会容易许多。因此，工作任务完成周期不应大于OKR评估周期，如图4-5所示。

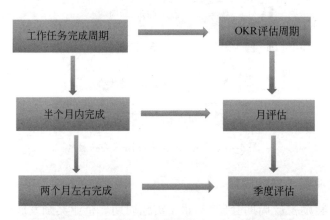

图4-5　工作任务完成周期影响OKR评估周期

如果员工的工作任务半个月就能完成，那么OKR评估周期可以是月度；如果员工的工作任务需要两个月左右才能完成，那么可以将OKR评估周期设定为季度。

一些工作任务的周期特别长，可能需要两年才能完成。对于这类工作，管理者不能将OKR评估周期设定为两年，而是需要把工作分解成若干个阶段，找到关键时间节点，然后再据此确定OKR评估周期。

3. 日常任务管理基础

日常任务管理基础指的是企业的管理水平，包括企业的管理能力、信息化程度、员工的素质等。

（1）企业的管理能力。企业的管理能力包括管理者的决策能力、企业协调与调配资源的能力、企业管理员工的能力等。

（2）企业的信息化程度。企业的信息化程度指的是信息技术在企业中的覆盖率以及信息技术设备完成的任务量占企业总任务量的比重。信息化程度高的企业生产效率较高，生产成本和运营风险较低。

（3）员工的素质。员工的素质指的是员工的综合能力，包括员工的技术能力、创新能力和工作经验等。

OKR 实施周期的设定与企业的管理能力、信息化程度和员工的素质密切相关。对于管理水平较低、信息化程度不高、员工的素质也不高的企业来说，实施 OKR 的周期可以拉长。因为如果将 OKR 实施周期设定得太短，不仅会提高考核成本，还会增加管理者的管理负担和员工的工作量，最终很可能导致 OKR 管理体系瓦解。

4. 工作性质

不同岗位的工作性质是不一样的，有些岗位的工作具有临时性，如行政岗位；而有些岗位的工作是可预见的、重复的，如财务岗位。不同性质的工作，其考核周期也应该有所不同。

由于提前预测临时性工作的难度较大，因此其 OKR 实施周期应该短一些。而可预见的重复性工作能被预测，因此其 OKR 实施周期可以相对长一些。

除了以上几个方面之外，管理者在确定 OKR 实施周期时也要考虑员工对 OKR 的接受度。员工对 OKR 的认知会不断深化，他们在刚接触 OKR 时可能会因为对其陌生而抵触 OKR 的实施，而当其对 OKR 比较熟悉之后，接受程度也会提高。

如果企业没有实施 OKR 的经验，那么在一开始实施 OKR 时，管理者应该将周期设定得稍长一些，为员工留出一些适应、缓冲的时间。而对于那些有实施 OKR 经验的企业来说，管理者在设定周期时，就可以将周期适当地缩短，以更快地利用 OKR 来指导员工的工作，帮助员工尽快提升能力，取得进步与成长。

4.2.2 时间框架：准备、公示、执行、复盘

确定好 OKR 实施周期后，管理者还要明确对 OKR 进行管理的时间框架。实施 OKR 的过程通常包括准备、公示、执行和复盘 4 个阶段。以某企业第一季度的 OKR 为例，其实施过程如下。

1. 准备阶段

实施 OKR 的第一步是制定 OKR。制定 OKR 要从企业的战略出发，将企业的总目标逐层细化，并以各层级的目标为出发点，合理地制定出各层级的关键成果。

在每年的 11 月、12 月，管理者就要开始构思下一年第一季度的 OKR，而 OKR 的确定需要在 1 月初的 OKR 会议上完成。OKR 会议可以是全员参加，如果人数过多，管理者就需要将员工分成不同的小组。在 OKR 会议上，管理者需要描述企业的战略和愿景，在此基础上，各组员工应该展开讨论并分别阐述，从而确定 OKR。

2. 公示阶段

公示并不只是在企业范围内公布确定好的 OKR，更重要的是管理者要向员工说明为什么企业要制定这些目标、实现这些目标对企业有何意义。同时，在公示阶段，管理者要确保企业各层级之间能够对彼此的 OKR 有所了解并进行沟通，确保企业上下对目标的理解是一致的。

3. 执行阶段

在执行 OKR 的过程中，管理者需要对 OKR 进行日常追踪。管理者需要对 OKR 完成情况进行定期检查，必要时做出调整。在进行 OKR 日常追踪时，管理者需要对目标、当前进度、出现的问题、出现问题的原因、问题解决方法、下一步的计划等进行了解并做出相应的决策，确保 OKR 能够顺利实施。

4. 复盘阶段

在 OKR 实施结束后进行复盘是十分有必要的。在复盘会议上，每位员工都需要回顾并阐述自己的工作，包括目标是什么、通过哪些工作来实现目标、遇到了哪些问题、问题是如何解决的、有什么经验和教训、对自

己的评价等。在员工回顾总结个人的 OKR 实施情况后，管理者需要对整体的 OKR 完成情况进行总结。在复盘会议上除了对上一季度的 OKR 进行总结，还可以制定出下一个季度的 OKR。

OKR 实施的时间框架包括以上 4 个阶段，根据 OKR 实施周期的长短，其时间框架应该做出相应的调整。

4.2.3　截止日期：在规定时间内完成 OKR

2023 年 3 月，一家纺织品公司召开季度会议，在会上，总经理制定了下一季度的销售目标：到 2023 年 6 月，销售额要达到 2000 万元。在明确这个目标后，销售经理就带领员工努力工作，希望能够准时完成目标。

2023 年 7 月初，销售经理对 2023 年第二季度的销售情况做了总结，发现销售额为 2500 万元，超额完成目标。销售经理对这个结果十分满意，他在季度会议上分享了自己的经验。

原来，为确保顺利完成目标，销售经理以 2023 年 6 月为限，给第二季度的每个月甚至每个星期都设定了销售目标，并限定了目标完成期限。在一个个小目标和期限的刺激下，员工工作的积极性高涨，最终超额完成了季度销售目标。如果销售经理没有设定一个个小的目标和完成期限，很有可能员工不会产生这么大的动力，那么目标可能无法完成。

上述案例表明了实施 OKR 的一个关键点——必须明确完成目标的截止日期。有的工作目标完成起来比较容易，只需要很短的时间就可以完成。而有的目标完成起来比较困难，需要比较长的时间才可以完成。无论是哪种情况，管理者都应为目标设定一个完成期限，这样才能充分激发员工的工作积极性。

没有时间期限的目标往往会导致管理者和员工对目标产生不同的认识，尤其在轻重缓急方面。例如，管理者给员工分配了 3 项工作任务，却没有告诉员工截止时间。其中一项工作任务是非常重要的，员工却不知道。一段时间过后，管理者向员工要结果时，发现员工没有优先处理这项最紧急的任务，而是在进行其他工作。

在上述案例中，管理者就没有明确最紧急的工作任务的完成期限，导致员工处理工作的顺序有误。管理者为目标明确一个截止时间，不仅可以给员工一个时间标准，还能适当地给他们施加一些压力。设置截止时间会极大地提高员工工作的积极性，确保目标能够在规定时间内完成。

在设置完成期限时，管理者应该综合考虑目标的难易程度、轻重缓急，以及员工的工作能力等多个因素。此外，管理者还应该对目标的完成进度进行定期检查，掌握员工的工作情况。这样管理者不仅可以及时指导员工的工作，还可以根据员工的工作进度适当地调整目标的完成期限。

管理者还可以对目标完成期限进行细化，包括哪些工作需要本周完成、哪些工作需要本月完成，从而掌握员工的工作动态和工作进度。

此外，管理者需要建立完善的工作追踪流程，将各部门、各层级的工作细节记录下来，并明确每个时间段需要完成什么工作。任务完成后，负责人需要进行总结汇报。

对时间节点的把控有利于推动 OKR 有条不紊地实施，从而实现最佳效果。

4.3　OKR 如何才能成功实施

在企业高速增长、商业模式变革的重要阶段，OKR 是一种很有效的管理工具。它有利于激发员工的自驱力，建设公开、透明的企业文化，帮助企业打造卓越的管理体系。有些企业已经引入 OKR，而有些企业还在观望。但无论是哪种企业，都面临一个非常严峻的挑战——OKR 如何才能成功实施？本节就来解决这一问题。

4.3.1　对员工进行培训，形成 OKR 共识

武汉有一家物流企业准备在组织内部实施 OKR，于是管理者召集了一些有 OKR 实施经验的部门经理共同制定了季度 OKR，然后大范围地推行。人事经理建议学习同行在实施 OKR 之前先对员工进行培训，管理者对此表示反对："培训是在浪费钱和时间，不能给企业创造价值。"

而到了季度末，管理者发现企业的业绩和上一期的业绩基本持平，而同行的业绩却明显提升。他意识到在激发员工积极性方面，OKR 没有发挥作用。经过调查，他发现那些业绩提升明显的同行都在实施 OKR 之前

对员工进行了培训。这时他想起人事经理的建议，后悔不已。

认真反思后，管理者决定立刻对员工进行 OKR 培训，为员工讲解企业实施 OKR 的原因和 OKR 对企业的重要性，并针对不同的工作内容为员工讲解 OKR 如何更好地实施。同时，管理者还设置了奖金，用于奖励那些 OKR 完成得很好的员工。

这一系列的措施使员工意识到了 OKR 的重要性，激发了员工工作的积极性。接下来的一个季度，企业的业绩有了明显的提升。

由此可见，在实施 OKR 之前对员工进行培训是十分有必要的。

OKR 和其他管理工具有什么不同？ OKR 的框架简单，更易于理解。但简单也是一把双刃剑，一些管理者认为 OKR 非常简单、直白，不需要对员工进行培训，员工就可以通过 OKR 更好地完成工作任务。

一些对 OKR 有所了解或使用过 OKR 的员工确实不需要接受 OKR 培训，因为他们能够确保自己制定的工作目标和关键成果的有效性。但很多员工是初次接触 OKR，对其并不了解，因此在实施 OKR 前，管理者需要对员工进行 OKR 培训。

OKR 培训能够让员工统一对 OKR 的认识，让员工对 OKR 达成共识。那么，进行 OKR 培训，管理者需要从哪些方面入手？

首先，管理者需要告诉员工为什么要实施 OKR。例如，OKR 能够给员工带来更多自主性，能够激发员工的积极性和创造性。另外，管理者必须明确为什么企业适合实施 OKR，并将这个答案告诉员工。

其次，管理者需要向员工传递有关 OKR 的正确的信息，让员工了解 OKR 的重要性。网络上关于 OKR 的信息是纷繁复杂的，有正确的也有错误的。为了使员工对 OKR 建立正确的认知，避免受错误信息的误导，管理者需要在培训前对信息进行过滤，筛选出正确的信息，在培训时将其传递给员工。

管理者需要阐明为什么 OKR 是适合企业的工具，并且表明 OKR 的优势。没有一个清晰的理由支撑，OKR 只会成为昙花一现的变革提案，不会真正受到员工重视。

管理者不仅需要对普通员工进行培训，还要对管理层员工进行培训。一般情况下，实施 OKR 的障碍往往来自管理层员工。

管理者是实施 OKR 的关键人物，很多管理者在 OKR 培训方面都会犯一个错误，那就是没有明确 OKR 对管理有何作用，就匆忙地对员工进行 OKR 培训。

此外，管理者需要了解，对员工进行 OKR 培训是阶段性的。员工对 OKR 的认知是循序渐进形成的，在实施 OKR 的过程中，员工可能会因为对 OKR 认知不足而引发问题。这时，管理者应该为员工创造学习的机会，帮助他们储备更多知识，强化他们对 OKR 的认知和了解，进而提升他们的工作能力。让员工在完成 OKR 的同时更加全面地发展，这样有利于企业的长远发展。

"培训很贵，但不培训更贵。"培训"贵"在企业在时间和金钱方面的投入，不培训"贵"在员工不能给企业带来更多收益，企业得不到更好的发展，损失的更多。因此，从长远来看，培训是十分有必要的。

企业所处的行业、性质、需求不同，员工的综合素质不同，这就导致与 OKR 相关的激励机制、环境、知识技能等可能会成为员工之间 OKR 完成进度差异或不同企业之间业绩差异的原因。因此，为员工提供 OKR 培训、统一认知，是保证 OKR 顺利实施的重要因素。

4.3.2　上级与下级互通互联，打破隔阂

在实施 OKR 的过程中，上级和下级之间的双向沟通是保证 OKR 能够顺利推进的关键。他们要根据 OKR 的完成情况以及 OKR 反映出的问题进行合理的沟通。管理者可以在沟通中了解员工的工作进度、工作状态和工作中遇到的问题，能够对 OKR 的实施进度有更准确的把控，也可以及时发现员工工作中的问题并对其进行指导。同时，管理者还可以在沟通中了解员工对工作的意见和想法，以及时对 OKR 的不合理之处进行调整和优化。

员工可以在沟通中了解管理者对自己工作的反馈。如果管理者对员工某一方面的工作不满，那么员工可以根据管理者的指导及时地改进工作；如果管理者对员工的工作进行褒奖，员工会获得激励，工作积极性更高。

上级和下级之间的双向沟通可以使管理者的决策基于员工的建议与反馈变得更加合理。同时，加强管理者与员工之间的沟通会增加双方的亲密

度，有利于管理者树立威信。

上级和下级之间的双向沟通需要通过合适的方式实现。其中，召开会议是很多企业都十分青睐的一种沟通方式。例如，上海一家餐饮企业的创始人十分重视员工之间的沟通，他经常向员工强调要敢于质疑那些有问题的工作内容。该企业会在每年年终时召开一次全体会议，为企业各层级员工之间的沟通提供一个平台。在会议上，员工首先需要对自己的表现和业绩做出自我评估，然后讲述他们在一年的工作、生活中学到了什么，总结个人的进步与不足。

另外，员工还要讲述对企业未来发展的意见和想法，以及对自己未来的工作有哪些期望。员工的意见和建议对 OKR 的实施具有重要的指导意义，管理者可以根据员工的合理建议修正 OKR，也可以根据员工工作中出现的问题调整 OKR。同时，员工的意见、建议和平时的工作状态都可以作为制定新的 OKR 的依据。

年终的全体会议为员工之间的沟通和交流提供了平台，每位员工都可在会议上畅所欲言，上级和下级之间可以实现双向沟通。员工对 OKR 的总结使 OKR 的制定更加科学。

上级和下级之间双向沟通的方式多种多样，除了召开会议外，组织一些集体活动，如表演或体育活动、定期团建等，也可以在轻松、愉悦的氛围中实现上级和下级之间的双向沟通。

在实施 OKR 的过程中，上级和下级之间的双向沟通十分重要，目标实现是企业各部门、各层级共同努力的结果。上下级之间沟通的强化，不仅能够加强管理者对 OKR 实施流程的监督，还有利于营造良好的工作环境和氛围，能够推动 OKR 顺利实施。

4.3.3 公开 OKR 实施过程，将信息共享

OKR 顺利实施还有一个关键点，就是实施过程一定要公开、透明。这样员工能够对企业 OKR 有清楚的认识，也能够更好地将个人 OKR 与企业 OKR 结合，使二者之间的联系更为紧密，有助于目标顺利达成。

OKR 的评分规则和评估结果的透明度会影响员工对企业 OKR 的认识，因此，企业各层级的 OKR 都要在组织内部公开，这样既能有效防止

各层级管理者滥用权力，又能强化员工的自我约束意识。在实施OKR的过程中，员工的主人翁意识会增强，责任感会提升，工作积极性更高，创新精神更强。具体来说，OKR实施过程公开、透明的优势表现在以下4个方面。

1. 激发员工责任感

OKR实施过程公开、透明意味着员工的OKR、OKR完成进度和OKR评分都是公开的。这能够激发员工对OKR的责任感。

此前，员工的工作目标、工作进度等情况只和上级共享，而对同事保密。在OKR目标管理方式下，员工的工作情况不仅和上级共享，还和同事共享。这有利于激发员工的竞争意识，实现员工之间对彼此工作的监督。同时，这也会增强员工的责任感，员工会进行自我监督。

2. 促进协作

如何高效协作是很多企业面临的一个难题。很多企业都通过培训对员工进行思想教育，以增强员工的协作意识、实现高效的内部协作，但效果并不理想。而公开、透明的OKR能够促进员工之间协作。OKR能够展示每个员工的工作目标和工作进度，当员工不知道如何开展自己的工作时，可以通过了解其他员工的工作寻找与其协作的可能性。当一个部门和其他部门存在协作关系时，可以通过了解其他部门的工作开展情况调整自己的工作，实现更好的配合，提升工作效率。

3. 提升员工敬业度

OKR公开、透明，员工可以随时了解自身、部门或企业的目标进度，了解自身的工作对部门或企业的贡献，直观感受到自己工作的价值。这能够激发员工的工作热情，提高员工的敬业度。

同时，目标进度的实时更新能够使员工获得成就感和自豪感，而员工之间的竞争能够使员工的工作动力更足。当员工看到同事的工作成就高于自己时，会激励自己完成更高的目标。这样员工能够更加专注于自己的工作，更加敬业。

4. 促进敏捷组织打造

敏捷组织是组织发展的一大趋势，能够快速对外部环境变化做出反应。信息公开、信息共享是打造敏捷组织的基础。而公开、透明的OKR

能够实现员工工作内容的公开、共享，为企业打造敏捷组织奠定基础。

在敏捷组织中，公开、透明的信息能够让员工清楚地了解组织目前的工作重点是什么，员工会主动思考为完成这项工作自己需要付出怎样的努力。

那么，如何实现 OKR 实施过程的公开、透明？这需要管理者做到两点：一是管理者对 OKR 的管理要公开；二是 OKR 的目标、关键成果、进度及评估结果要透明。

首先，管理者要制定完善的 OKR 管理制度。制度要包括 OKR 实施周期和企业、部门及员工的目标、关键成果。同时，制度还要规定每一项目标被完成到何种程度，对应的部门或员工可以得到什么奖励，即根据目标的完成程度来设置阶梯奖励。

其次，管理者可以通过内部共享工具或 OKR 系统实现目标、关键成果、进度及评估结果的公开，确保每位员工都可以看到其他人的 OKR 信息。

OKR 实施过程公开、透明，能够让管理者清楚地看到各层级 OKR 的进度，及时发现并解决问题。同时，OKR 实施过程公开、透明也能够让员工清楚地看到个人、团队及企业目标的进度。进度加快能够让员工获得成就感和自豪感。

4.4　巧妙利用 OKR 工具

在实施 OKR 的过程中，管理者选择的 OKR 工具是否合适，工具是否真正发挥作用，对 OKR 能否顺利实施和目标能否达成有深刻的影响。现在市面上有很多非常不错的 OKR 工具，如电子看板、大数据系统、协作平台等，管理者可以根据企业的需求合理选择。

4.4.1　电子看板

作为世界 500 强企业之一，丰田的生产和管理系统一直是其核心竞争力的源泉。

丰田以准时生产为出发点，首先找出各环节出现的生产过剩以及其他方面的浪费情况，然后调整生产中的设备和人员分配，以达到降低成本、简化计划和提高控制程度的目的。准时生产制的基本原则是按需生产，即在产品有需求时，按需要的量生产所需的产品，从而实现零库存。

管理上的变革取得了惊人的效果，丰田的产品质量得到提高，并且生产效率也大幅提高。后来，准时生产制这一理念逐渐演变为看板管理方式。

看板管理类似于超市补货。在汽车生产车间中，零件包装上都会附有一张看板，零件用完，看板就被工人取下放到看板盒中，有员工会定期收集看板盒中的看板，并根据看板补充相应的零件。

在看板管理方式的作用下，丰田的生产效率大幅提高，以强大的竞争优势进入美国等发达国家的市场。直到今天，丰田依然在世界汽车生产领域有着举足轻重的地位。

丰田的快速发展表明了看板管理具有巨大的优势，而随着技术的发展，电子看板逐渐成为企业展示目标和关键成果的重要工具。电子看板属于触控类多媒体产品，企业可随时在电子看板中录入会议内容。电子看板具有极强的兼容性，支持文本、表格、幻灯片等格式的文件。企业使用电子看板实施 OKR 的优势表现在以下 4 个方面。

（1）电子看板改变了传统看板模式，使企业实施 OKR 的过程更高效、更便捷。

（2）电子看板具有交互功能，促使员工参与度提升。

（3）电子看板中有大量的企业资料，如项目进度、资源配置、人员安排等，员工可利用电子看板快速查阅信息。

（4）电子看板有影音记录保存功能，企业的优质资源、会议内容等可以通过电子看板保存下来，并实现资源共享。

管理者在利用电子看板实施 OKR 时，应在电子看板上呈现哪些内容？在电子看板上呈现的应该是 OKR 实施过程中的重点内容，主要包括以下 4 个方面。

（1）正在进行的项目、必须在限定时间内完成的项目，以及要求员工尽力完成的工作。

（2）OKR 的实施进度以及已经完成的 KR。

（3）各层级员工需要做好的准备。

（4）在 OKR 实施过程中可能会出现的阻碍因素，以及企业各层级员工必须格外注意的细节。

电子看板可以清晰地展示企业 OKR 的进度和员工的工作内容，员工可以根据看板做好准备工作。同时，通过查阅电子看板中的资料，员工可以更高效地解决一些工作中常见的问题，提升自己的工作能力。

4.4.2　大数据系统

全面、准确的数据是管理者做出科学决策的重要保证，没有数据支撑的决策是没有说服力的。因此，数据的收集和分析在企业管理中的作用越来越重要。

之前，很多企业将 Excel 作为统计、汇总数据的常用工具，但随着大数据技术的发展与革新，越来越多的企业加大了在内部信息系统建设上的投入，在 OA（Office Automation，办公自动化）系统、ERP（Enterprise Resource Planning，企业资源计划）系统中建立了独立的模块用于 OKR 管理。

OA 系统、ERP 系统等大数据系统的特点如图 4-6 所示。

实现数据共享　　　记录OKR调整　　　数据更直观，
　　　　　　　　　　　　　　　　　　方便查阅

图 4-6　大数据系统的特点

1. 实现数据共享

利用这些大数据系统，企业各层级的目标、关键成果、OKR 完成进度等数据都可以实现共享。管理者可以便捷地获取各部门、各层级的具体工作数据和总体的分析报告。所有数据的统计和分析都是准确的，能够为管理者的决策提供有力支持。

2. 记录 OKR 调整

管理者可以借助大数据系统在线上调整 OKR。在线上调整 OKR 的方式，可以避免管理者在线下调整 OKR 可能出现的错误，并记录 OKR 调整的详细信息。大数据系统还能通过对数据的统计和回写自动生成明细表中的数据，并对这些数据进行分类汇总，从而有效提高管理者的工作效率。

3. 数据更直观，方便查阅

大数据系统可以自动整理每位员工的 OKR 数据，并生成直观、易懂的图表来呈现各项数据，使员工更清楚自己的目标和关键成果的完成情况、存在的问题等。另外，以电子的形式保存数据便于员工查阅，有助于提升员工的工作效率。

在实施 OKR 的过程中，管理者需要对企业各层级的 OKR 进行分类和汇总。只有充分利用大数据系统，管理者才能更好地完成 OKR 数据统计与分析工作，提高工作效率和数据统计、分析结果的准确性。

4.4.3　协作平台

在实施 OKR 的过程中，管理者需要对各部门、各环节的工作进行严格的把控，帮助员工对自己的工作建立正确的认知。管理者可以选择一些协作平台来推动 OKR 的实施，如日事清平台管理系统和 Worktile 平台。

日事清平台管理系统能够将 OKR 的目标、关键成果等信息通过平台的看板功能公示给全体员工，同时，最新工作情况也会在看板中实时更新。日事清平台管理系统还可以根据 OKR 的具体内容制定合理的衡量标准。员工可以根据衡量标准来明确自己与其他员工之间的差距，从而有针对性地弥补差距。日事清平台管理系统的具体功能如下。

（1）每位员工都能够通过日事清平台管理系统掌握个人 OKR 的实施动态、项目的进度等。

（2）日事清平台管理系统可以实时更新每个部门、每位员工要负责的具体工作。

（3）借助日事清平台管理系统，员工可以记录工作的所感所想，总结经验。同时，员工之间还可以相互交流，协作开展项目，共同完成任务。

（4）管理者可以定期对各部门的 OKR 执行情况进行检查，以及时通报工作情况和对 OKR 进行调整。

真果 OKR 是由真果联动（北京）科技有限公司开发的一款 OKR 管理

工具，该软件有 9 大板块（如图 4-7 所示），
能够全方位地为企业经营管理助力。

1. 主页

真果 OKR 的主页有周计划、我的目标、
团队、报告、知识库、关注等快捷入口，为
用户提供导航。同时，用户能够在主页建立
一个新目标或从目标树建立一个关联目标，
快速开展工作。

图 4-7　真果 OKR 的 9 大板块

2. 目标

目标板块能够帮助用户结构化地管理 OKR，通过目标的设定与执行，
引导员工积极协作，提升企业凝聚力。目标板块具有以下功能：

（1）用户可以制定个人目标和团队目标，实现个人目标和团队目标
对齐。

（2）用户可以根据工作的需要，选择不同的目标追踪和衡量方式，设
定 OKR 目标、KPI 目标和里程碑目标。

（3）可以根据目标的分类，打造自己关注的目标集。

3. 任务

任务板块能将日常工作与 OKR 连接起来。在任务板块，用户可以查
看自己的周计划、了解自己的任务和任务日历，并从"全部任务"中进行
任务筛选。

4. 知识库

知识库有 3 个用途：用户可以在这里记录自己的思考和工作闪光点；
可以和团队相互赋能，实现知识协同，高效分享和同步各种信息；可以提
升执行力，把知识库里的内容直接转化为与目标相关的行动。

5. 关注

在关注板块，用户可以查看关注的目标和关注的人，并了解目标名
称、对话、成果追踪等。这有助于用户快速定位，查看目标进展并与他人
对话。

6. 报告

在报告板块，用户可以自主选择定制周报、双周报、月报、季报等，并选择报告中展示的内容。此外，用户还可以查看报告列表，进行总结与反馈等。

7. 仪表盘

在仪表盘板块，用户可以查看公司概览、部门概览等，了解公司或部门的目标概况、成果等。此外，用户还可以进行自定义统计，定制人员汇总情况表、部门情况汇总表等，定制统计内容。

8. 消息

在消息板块，用户可以查看近期 @ 自己的留言、查看全部留言并了解消息动态。

9. 团队

在团队板块，用户可以根据工作需求，组建和命名团队。在团队内部，用户可以进行以下操作：

（1）设定和追踪团队目标。

（2）在目标下，添加和追踪行动计划，实现团队协同。

（3）在团队内共建和分享知识，互相解答问题。

（4）就目标开展结构化的沟通。

OKR 的管理和应用存在一定的复杂性，如果管理者仍按照原始方法开展工作会遇到很多困难。因此，为了使 OKR 更好地发挥作用，管理者不妨尝试以上工具，这样不仅能够减轻自己的工作压力，还能推动 OKR 高效实施。

4.4.4 真果 OKR 是如何为 OKR 保驾护航的

作为一款 OKR 管理工具，真果 OKR 的作用是帮助企业跨越达成目标的两大障碍，即员工的劲儿没往一处使、行动和目标脱节，从而进一步提升企业的整体效能。

员工劲儿没往一处使具体体现在以下几个方面：

（1）不同部门长期各自为战。

（2）很难明确界定不同部门和员工的责任。

（3）员工不清楚如何为公司目标的实现做贡献。

（4）团队能力提升方向不明确。

（5）团队的声音和意见难以有效传达至公司战略决策层。

行动和目标脱节具体体现在以下几个方面：

（1）缺少实现目标的关键支撑点和行动计划。

（2）员工的工作投入与目标优先级不匹配。

（3）日常管理沟通与设定的目标脱节。

（4）员工工作时间被日常琐碎工作和临时性任务占据。

（5）绩效管理系统不能有效连接公司整体目标与员工日常工作。

（6）重要问题被遗漏，已出现过的问题反复出现。

真果 OKR 有 3 个基本功能：战略目标落地管理、基于目标的项目和任务管理、知识协作与实践管理。

功能一：战略目标落地管理

（1）战略目标的结构化支撑和对齐。

（2）目标完成过程数字化追踪。

（3）团队的目标协同。

（4）战略目标下的敏捷组织。

功能二：基于目标的项目和任务管理

（1）灵活设定的项目分类和阶段设置。

（2）里程碑的设定和数字化追踪。

（3）跨部门的项目协同和任务协同。

（4）适应不同场景的自定义流程管理。

功能三：知识协作与实践管理

（1）公司和团队知识库管理。

（2）基于目标的在线文件协作。

（3）面向执行的会议跟踪解决方案。

（4）及时的绩效沟通和反馈。

基于真果 OKR 的上述功能，管理者可以轻松地完成以下工作。

1. 让员工对目标达成共识

真果 OKR 可以让员工在目标方面达成共识，让公司、部门、员工 3 个层面的目标保持一致，实现上下级协同，保证员工围绕最重要的目标工作。例如，李火火是一家新媒体公司的管理者，领导为他制定了"年营业额达到5000万元"的公司目标，他可以通过真果OKR管理这个目标。

李火火首先要单击左侧的"目标"功能，单击"新建目标"（如图4-8所示），进入目标管理页面；然后填写目标名称、目标类型、目标参与者、目标起止时间、目标衡量方式等内容，如图4-9所示。

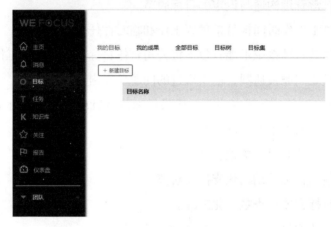

图4-8　新建目标

图4-9　填写新建目标的相关内容

部门目标必须和公司目标对齐，例如，为了实现公司目标，编辑部门要及时在公众号、小红书等平台上输出内容；营销部门要做好渠道推广、客户挖掘与对接、品牌宣传等工作；设计部门要配合编辑部门设计配图和封面等。当目标真正对齐后，无论李火火是否在公司，都可以随时随地在真果 OKR 上了解各部门的工作情况和目标完成进度。

对于公司目标，李火火应该选择 KPI 的方式进行衡量。在衡量过程中，他要填写目标的起始值（0 元）和目标值（5000 万元），如图 4-10 所示。2023 年第二季度，营业额达 2000 万元，即目标完成了 40%。此时他应该召开部门会议，将未完成的目标明确地分解到每一位员工身上，以确保目标按时实现。

图 4-10　KPI 衡量方式

2. 帮助员工制订行动计划

李火火要保证员工有能力实现目标。那么，如何衡量员工的能力？以编辑人员为例，他们要有文字功底和输出高质量内容的能力，对于这一点，HR 在招聘时应该把好关。为了更好地管理编辑人员，李火火可以在真果 OKR 上根据目标制订行动计划，让员工明确自己应该做的工作及工作进度，如图 4-11 所示。

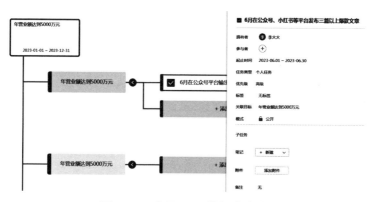

图 4-11　真果 OKR 的行动计划

3. 管理员工的问题与笔记

在工作过程中，员工难免会遇到一些比较棘手的问题。为此，真果 OKR 设计了"问题"功能，员工可以将自己的问题提出来，李火火作为管理者要对员工的问题进行解答。例如，某员工的目标因为内容审核问题而没有按时完成，他在真果 OKR 上反馈此问题后，李火火就可以及时得知相关情况，从而帮助员工解决问题，使其目标可以顺利完成，如图 4-12 所示。

图 4-12　真果 OKR 的问题功能

除了"问题"功能以外，"笔记"功能也很实用。在实现目标的过程中，员工可以通过此功能分享自己的经验和心得，而管理者则可以发布管理规则、奖惩情况等重要信息。为了保证文章顺利发布，李火火制定了文章发布规则（补充版），如图 4-13 所示。

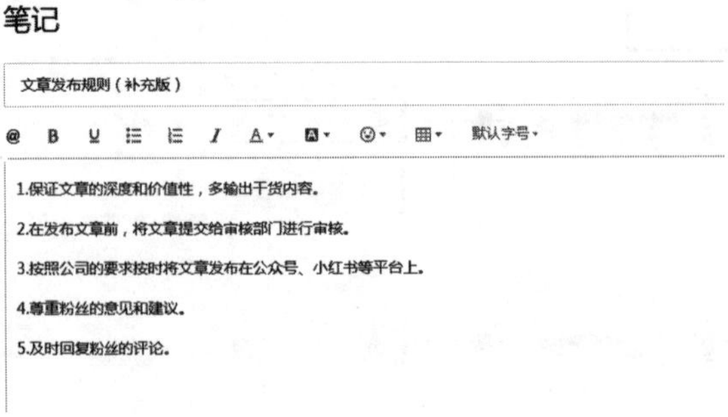

图 4-13　真果 OKR 的笔记功能

有了问题功能和笔记功能，员工、管理者可以反馈自己的意见，并共享信息。这样有利于提升工作效率，促进团队之间的交流，推动目标实现。

除了上述主要功能以外，真果 OKR 还有很多非常重要的功能，例如，"目标树"功能可以清晰地呈现公司、部门及个人的 OKR 完成情况，从而实现组织协同；"仪表盘"功能可以对目标、关键成果、任务完成状态进行统计，帮助管理者了解整个组织的工作进展；"过程报表"功能可以分析目标实现路径，让整个过程可量化追踪。

为了更匹配我国企业的需求，真果 OKR 进行了本土化改造。

第一，针对员工操作不熟练的问题，真果 OKR 会提供相应的培训服务，旨在最大化挖掘员工的潜力，让员工知道如何才能取得最佳的工作结果。在培训时，真果 OKR 的重点不是教会员工使用软件，而是告诉员工软件的作用和价值。为了让更多员工接受培训，真果 OKR 还开展"OKR 教练培训"活动，即让管理者做员工的教练，把一些重要的理念层层传递给员工，让员工知道如何使用软件更高效地工作。

第二，为了实现员工之间协同工作，真果 OKR 专门设计了沟通界面，通过高透明度的工作信息展示让所有员工都可以看到自己和同事的贡献。另外，在跨部门协作方面，真果 OKR 对算法、技术架构等进行了优化迭代，让员工的任务更清晰，消除管理者在管理上的痛点，助力企业提高效率。

第三，针对不同类型的企业进行个性化调整。例如，针对销售企业，真果 OKR 除了帮助员工提升效率，还对结构化思维进行优化，让销售人员知道销售盲区在哪里，以及如何扩大销售范围，进一步提升企业的销售业绩及利润。

第四，真果 OKR 的业务人员经常拜访客户，与客户企业的管理者进行深入探讨，找到真果 OKR 与企业需求匹配的功能，从而对其进行优化调整，更好地满足企业的个性化需求。有时真果 OKR 还会与客户企业共同召开 OKR 研讨会，对客户企业的 OKR 进行分析和梳理，从专业角度为客户企业提供有效、可行的 OKR 实施路径，帮助客户企业提升 OKR 实施效率。

与真果 OKR 合作的企业越来越多，其中不乏上市企业。从结果来看，真果 OKR 帮助这些企业顺利实施了 OKR。以柏林眼科为例，真果 OKR 帮助柏林眼科的员工进行思维结构调整，使员工对完成业绩产生信心，主动提升自己的年度及季度目标。在真果 OKR 的帮助下，柏林眼科的盈利情况有了很大改善，OKR 实施路径更加清晰。同时，真果 OKR 很好地解决了一直困扰柏林眼科的目标精细管理、过程管理执行难等问题。

为了提升竞争力，真果 OKR 持续打磨产品，并根据客户的反馈意见对软件的相关功能进行优化。未来，真果 OKR 会和企业现有管理软件进行融合，从技术层面与企业进行更紧密的连接。可以预测的是，真果 OKR 很可能会发展为一个 PaaS（Platform as a Service，平台即服务）工具，为企业提供更高效、更优质的服务。

4.4.5　管理案例：开放授权，拒绝专制

在实施 OKR 的过程中，管理者应该扮演什么角色？这是很多管理者都会遇到的问题。OKR 不同于 KPI，它讲究公开、透明、高效协作，让员工积极主动地工作。因此，管理者要从一个专制的领导者转变为教练。所谓教练，不是对员工进行 OKR 培训的老师，而是用 OKR 制定工作目标，并运用一些技巧挖掘员工潜力，帮助团队实现目标、提升业绩的人。

在企业实施 OKR 的过程中，只有管理者率先转变思维，开放授权，拒绝专制，才能真正让 OKR 发挥作用。

上海一家软件公司的主要业务是开发客户体验管理软件，帮助各大品牌与消费者建立信任关系。该公司的业务遍布全球 34 个国家，月访问量达 1 亿人次。然而，在发展过程中，该公司遇到了一些问题，例如，员工不知道如何推动目标实现；员工不知道其他同事在做什么工作，彼此无法高效协作；管理层希望建立一个公共平台，既能分享目标，又能保持团队的灵活性和创造力。

为了解决上述问题，该公司决定使用 OKR 进行目标管理，以变革传统的目标管理制度，形成一个更加透明、灵活、敏捷的目标执行模式，为员工打造一个开放、包容的工作氛围。对于该公司来说，OKR 的作用主要有以下几点。

（1）各层级目标简单、可见，员工更容易理解公司目标与自己的目标之间的关系。

（2）员工会考虑自己的目标与公司、团队、同事的目标的相关性，保证自己的目标有意义，能对公司产生积极影响。

（3）员工积极地参与 OKR 制定，深入了解同事的工作，并把自己的工作经验分享给他人。

该公司的人力资源副总裁李华（化名）这样评价 OKR："我们希望给每位员工授权，让他们自己设置目标，知晓组织发生的一切大事，并以自己的方式实现进步与发展。"经过李华与各层管理者的商议，该公司选择与真果 OKR 合作。

真果 OKR 能够为该公司赋能，使该公司真正实现了目标落地和协同管理。针对该公司的需求，真果 OKR 的功能设计思路以聚焦、量化、协同、透明、敏捷、实时为核心，如图 4-14 所示。

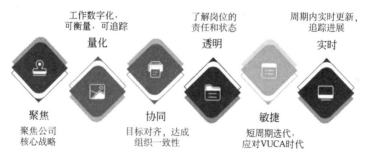

图 4-14　真果 OKR 针对该企业的功能设计思路

在真果 OKR 的帮助下，该公司的目标管理得到进一步加强，取得了非常不错的效果，具体表现如下。

（1）真果 OKR 将该公司的战略转换为清晰、量化、可追溯的目标，让目标管理过程，包括目标的实现路径、衡量结果、执行状态、责任承担等都清晰可见。基于此，从公司目标到团队目标、岗位目标，都能够实现100% 数字化、可视化管理，如图 4-15 所示。

（2）真果 OKR 帮助该公司建立了公司目标、部门目标、小组目标、个人目标等各级目标之间的协同支持关系，并且关系是结构化、可视化的。这样不仅有利于员工对目标达成共识，还可以打破部门壁垒，实现更高效的团队协同，如图 4-16 所示。

图 4-15　真果 OKR 的赋能价值一

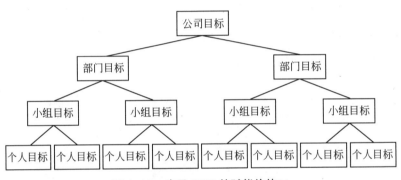

图 4-16　真果 OKR 的赋能价值二

（3）有了真果 OKR，各项工作的执行过程一目了然，关键成果的交付过程也可控、可衡量。另外，该公司还借助真果 OKR 进行里程碑 / 执行任务管理，以达成"成功实现业务结构转型"的目标，如图 4-17 所示。

综上所述，随着时代发展变化与员工自我意识的觉醒，专制型管理方法逐渐被淘汰。管理者是推动 OKR 实施的关键人物，如果其不能及时转变角色，采取开放、包容的管理方法，并及时引进像真果 OKR 这样的现代化工具，那么 OKR 很难在企业中顺利推行并取得很好的效果。

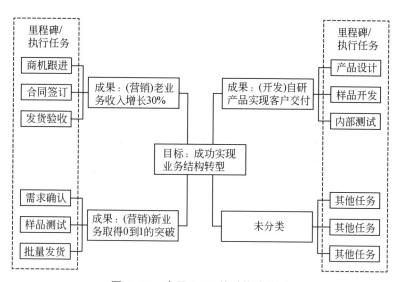

图 4-17　真果 OKR 的赋能价值三

05

第 5 章

OKR 落地:
加强 OKR 管理是永恒主题

科学的 OKR 管理可以让管理者随时随地了解员工的工作情况、目标完成度、工作态度、能力高低等。因此,加强 OKR 管理十分重要。同时,做好 OKR 管理,及时对 OKR 进行反馈和改进还能推动 OKR 落地,让 OKR 在组织内部产生更大的价值和作用。

5.1 以强管理保证 OKR 落地

管理者制定企业目标后，各部门和员工可以根据企业目标分解自己的目标，并采取相应的措施实现目标。在制定和分解目标时，OKR 管理必不可少。它影响目标完成率，能够激发员工的自主性和积极性，促使员工积极实施 OKR。

5.1.1 做好 OKR 管理的重要性

有人曾经进行了一个实验：让 3 组成员分别朝着某个村子走去。这个实验证明了 OKR 在完成任务过程中的重要性。

对于第一组成员，实验人员没有透露任何关于目的地的信息。结果没走到一半路程，就有超过一半的人放弃了，真正坚持走到终点的人不足 1%。对于第二组成员，实验人员告诉了他们目的地的名称和路程。有了这些信息，近 50% 的人坚持走到了目的地。

而对于第三组成员，实验人员不仅告诉了他们目的地的名称和路程，还在沿路为他们准备了里程碑，这样他们每走 1 千米就会知道自己离目的地更近一步。第三组的成员一路上保持着乐观的心态，中途无人退出，全员抵达了目的地。

研究人员对比了 3 组成员完成任务的情况，得出了一个结论：只有人们的行动有明确的目标，并能在完成目标的过程中把自己的行动与目标进行对比，了解自己的进度和未完成的工作，才能维持较强的行动动机，最终完成任务。

OKR 管理要以目标为核心。企业实施 OKR 管理有助于员工明确工作方向和重点，对自己的工作情况进行自我管理和自我测评，使完成目标的整个过程透明化、公开化。

总体而言，OKR 管理的重要性体现在以下 4 个方面。

1. 协调员工共同工作

在企业中，各个部门的职能不同，从事的工作也不同。要想使员工在分工的基础上共同工作，企业就必须把所有员工的行动统一起来，有计划、高质量地完成工作。而统一员工行动的基础就是企业目标，只有确立了明确的企业目标，才能使员工的工作在分工的基础上实现协调。

2. 是企业宗旨的具体表现

很多大型企业都有自己的宗旨，宗旨反映了企业所承担的社会责任。但对于企业而言，仅有宗旨是不够的，还需要将宗旨分解成具体的目标，如产量、销量、利润分别达到多少等。OKR 明确了企业的年度经营要求，是企业宗旨的具体表现。

3. 为企业的管理活动提供依据

OKR 是企业管理活动的基本依据，具体体现在以下 3 个方面。

（1）OKR 是管理者进行决策的依据。管理者在进行决策时要明确企业的目标是什么，在此基础上寻找实现目标的方法。

（2）OKR 是衡量效率的依据。员工的工作效率高低，可以根据其工作成果是否符合 OKR 的要求来衡量。

（3）OKR 是绩效评估的依据。OKR 强调目标设定、过程追踪和结果评估的有机结合，有助于企业客观、全面地评估员工的工作表现，为员工晋升、获得奖励提供依据。

4. 有利于提升员工的积极性

OKR 强调员工参与目标制定与自我控制，可以极大地提升员工的工作积极性和创造性。特别是当 OKR 被全体员工认同并能为员工带来巨大的个人利益时，OKR 的激励作用会更充分地发挥出来。

5.1.2 "八步法"：OKR 管理的必备技巧

OKR 管理以目标为导向，以员工为中心，以绩效为标准。基于 OKR 管理，员工可以在工作中通过自我控制，自下而上地保证目标实现。OKR 管理包括以下 8 个步骤。

1. 制定战略目标

企业经营以战略为指导，没有战略，企业就没有发展方向。制定战略目标是一个从产生想法到确定想法的过程，没有这个过程，再好的方案都只是设想。只有确定了战略目标，企业才有清晰的发展方向。对于任何企业来说，战略与目标都是相辅相成的，缺一不可。

2. 制订战略计划

一般而言，战略目标只是 OKR 管理的纲领。要想做到纲举目张，就要把战略目标具化成战略计划。相较于战略目标，战略计划更有组织、有步骤、有途径、有方法。战略计划能够把战略目标转化为实际行动，战略计划需要资源的支撑，没有充足的资源，再详细的战略计划也无法落地。

3. 明确目标责任和目标责任人

在战略计划确定后，管理者要考虑计划由谁来执行、执行过程中要承担什么样的目标责任以及目标责任人怎样确定。没有责任体系，再好的计划也会落空。而这个责任体系应该是全员参与、全方位、覆盖全过程的。

4. 实施目标

目标责任人落实后，就要实施目标。需要注意的是，在实施目标之前，管理者要把责任细分成可操作、可实现的具体目标。而且目标还必须是可衡量、有相关性且有明确时间限制的。

5. 对目标的实施过程进行监督

为确保目标顺利达成，管理者还应加强对实施过程的监督，以强化 OKR 管理。另外，管理者要对做出偏执行为的员工进行劝导，对员工的不良情绪进行疏导，最大限度地挖掘其潜力、激发其热情，使员工的积极性、主动性和创造性充分释放。

6. 实现目标

按照组织层级，目标可以划分为企业目标、部门目标和个人目标。而按照专业系统分类，目标还可以划分为管理目标、生产目标、营销目标和财务目标等。无论哪一种目标，实现过程都离不开以人为本的 OKR 管理。

7. 进行目标评价

进行目标评价要注意以下 3 点。

（1）评价实现目标的资源使用情况，如使用了多少资源、使用的是什么类型的资源等。

（2）评价目标是否还有弹性空间，例如，是否可以作为基准目标、是否可以更先进、是否可以保持相对稳定等。

（3）实现的目标能否对企业的可持续发展产生推动和促进作用。

8. 目标刷新

OKR 管理的最高境界是以终为始。从 OKR 评估到 OKR 更新，其实是员工自我超越的过程。能否超越已经实现的目标，在很大程度上反映了员工能力的高低。正所谓"逆水行舟，不进则退"，即使是很小的超越，也是员工的进步。员工进步大小需要管理者根据 OKR 的实际完成情况进行判断，管理者可以基于自己的判断给予员工奖励。

5.1.3　OKR 管理加速企业进步与发展

OKR 管理的意义是提升员工完成目标的积极性和工作效率，形成积极、进取的工作氛围。员工能够通过 OKR 管理明确自己的职责，提升个人能力，为企业的进一步发展做出贡献。

对员工进行考核是达到 OKR 管理目的的一种有效方法，这就要求管理者在设计考核体系时，必须紧扣目标和关键成果。上海一家设计公司在 OKR 管理的基础上对员工进行考核。人力资源部门的吴经理在认真学习并理解了企业目标后，和各个部门的领导开会商议，共同确定了各部门的目标。然后各部门的领导将自己部门的目标分解至团队、个人，形成自上而下的目标体系。

在进行考核时，吴经理要求考核人员紧扣被考核对象的目标。这种做法使各位员工在工作过程中努力将工作结果调整至与目标一致。在这种考核体系下，员工的总体竞争力和工作效率都大幅提升，公司的业绩情况有了明显改善。

吴经理的好友赵总了解到 OKR 管理和考核体系如此有效，便向吴经理请教经验。吴经理说："关键点就在于将 OKR 管理融入考核体系中，做好目标分解工作。"赵总听后只抓住了要做好目标分解的要点，却忽略了应分解什么目标。

在设计考核体系时，赵总忽略了企业总体目标的定位，因此后续的目标分解脱离了企业总体目标，导致企业的发展完全偏离了主线。赵总又一次向吴经理请教后，才明白了目标分解的前提是以企业总体目标为中心。

在彻底明白了如何进行目标分解后，赵总的考核体系也获得了成功，企业的业绩提升了 50% 以上。由此可见，设计考核体系离不开 OKR 管理，并且要重点把握好企业总体目标和分解后的目标之间的关系，瞄准企业总体目标，确保不偏离既定的轨道。

5.1.4 制定 OKR 指标，衡量工作效果

OKR 指标是以目标为基础，对各级员工完成指定任务的具体情况进行判断的指标。这个指标对于企业来说是非常重要的。那么，管理者应该如何制定 OKR 指标呢？

通常情况下，制定 OKR 指标要从以下 5 个方面出发。

（1）制定关键业务 OKR。首先找出企业的关键业务，然后再制定这些关键业务的 OKR。

（2）分解各部门的 OKR。企业各部门的领导要根据关键业务 OKR 确定部门 OKR，并制定评价指标体系。

（3）分解出员工的 OKR。对部门 OKR 进一步细分，得到员工的业绩衡量指标。

（4）设定评价标准。评价标准是对各 OKR 指标完成情况的判断和衡量，可以很好地解决"被评价者如何做、做多少"的问题。

（5）审核关键 OKR 指标。审核关键 OKR 指标主要是为了保证对被评价者的考核是客观、全面的。只有关键 OKR 指标没有问题，后期的各项 OKR 管理工作才更容易开展。

5.2 实现 OKR 落地的常用方法

在推动 OKR 落地时，管理者可以采取一些方法，常用的有保证职能分工明确、清晰，及时收集并分析 OKR 数据，安排同级部门一起完成考核等。

5.2.1 保证职能分工明确、清晰

以上海某设计公司为例，每到月末进行各部门 OKR 完成情况分析时，人力资源经理王惠就焦头烂额，不是表格收不上来，就是被各部门抱怨 OKR 设定得不合理。总之，王惠一直没有找到工作的窍门。在又一次被

职能部门的负责人抱怨后，王惠决定向老员工李经理虚心请教。

王惠问："为什么我制定的 OKR 总是被抱怨？明明我的 OKR 包括了很多内容，可以衡量到各个方面，为什么总是没有好的效果？"

李经理在看了她制定的 OKR 后，指出了存在的问题："你所设计的 OKR 确实包括了很多细节，非常全面，但也因为细节太多导致重点不突出，反而'捡了芝麻，丢了西瓜'。"王惠还是不服气，认为自己设计的 OKR 不需要删减内容。

李经理给她举了一个例子："以销售人员的 OKR 为例，你列举了 3 个大的方面共 20 多项目标和关键成果，有好几条是关于员工是否遵守办公室规定的，如是否保持办公区清洁、是否上班玩手机等。销售人员每天都在外面联系客户，对于这些项目，他们应该怎么填写？又或者，一位销售人员每天都遵守了这些规定，但是没有出去跑业务，那么按照这个规定，未完成工作的人反而容易得到高分，而真正出去跑业务的人反而得不到应有的奖励。这样真正努力干活的员工自然不愿意，因此会抱怨。"

"原来如此。"经过李经理的指导，王惠终于明白了自己制定的 OKR 的不足之处，于是删减了一些不重要的内容。接下来的考核工作进行得十分顺利，王惠制定的 OKR 得到了大家的认可。

通过这个案例我们可以发现，由于有些管理者对各部门的职能不够了解，因此他们制定的 OKR 针对性不强。对于这样的 OKR，员工难以接受，OKR 起不到激励作用，无法顺利在组织内部落地。因此，管理者要针对各部门的职能，为其制定个性化的 OKR。进行各部门的职能分工主要有以下两大难点。

（1）不好量化。将目标量化是实施 OKR 的前提，但由于职能部门的事务性工作具有模糊性和长期性，因此目标不好量化。

（2）不好考核。各职能部门之间的分工差异很大，同质化的情况比较少，因此各部门的 OKR 考核是另一大难点。

由于快速扩张，山东某企业的负责人王总在管理上遇到了难题：在职能部门的 OKR 考核上，"大锅饭"现象严重，许多员工抱怨考核不公平。

王总经过研究发现，职能部门的工作比较繁杂，且大部分工作缺乏具体的标准，导致 OKR 不好量化、不好比较。而在 OKR 考核过程中，由于缺乏具体的标准，考核结果会受到考核人员主观意识的影响，不能反映出各个部门、各位员工的真实工作情况，因此造成"大锅饭"的现象。

在经过仔细的分析、排查后，王总针对职能部门的 OKR 考核提出了以下解决方案。

（1）根据工作职责，设计并量化 OKR。根据工作职责，设计并量化 OKR，是对职能部门进行考核的基础和前提。首先需要确定各部门的核心工作职责，再从工作量、工作质量、工作效率 3 个维度确定 OKR 的量化标准。其中，工作量是以员工完成工作任务的多少来衡量的，如本月撰写了多少篇文章；工作质量则是以员工在工作过程中出现错误或疏漏的次数来衡量的，如企业财务人员错误发放工资的次数就可以作为其工作质量的衡量标准；工作效率以员工是否按时完成任务来衡量的，如某项统计调查应在 20 号完成，员工未完成就是工作效率未达标。

（2）将 OKR 明确化。有些 OKR 不够明确，导致考核时困难重重。例如，在"组织安全培训"这一项上，如果 OKR 是"定期组织安全培训"，就存在不明确的问题，可能会有部门在考核时钻空子。因此，OKR 应该有明确的数量要求、时间要求、扣分标准等。例如，"组织安全培训"的 OKR 可以设定为"每月 25 日进行安全培训，未达标者扣 3 分"。将 OKR 明确化后，自评和他评都有了明确的参考标准，考核结果更可靠。

（3）建立量化记录体系。OKR 公平、公正的前提是有客观、可信的数据，因此建立量化记录体系十分重要。管理者应该详细记录员工每天的考勤、工作量、工作成果等内容，以便于在进行 OKR 评估时有据可依。

该企业变革后的 OKR 考核方法既能反映员工真实的工作效率，又能够激励员工不断前进。因此，管理者应该有意识地为不同部门、岗位、员工设定不同的 OKR，并采取不同的 OKR 考核方法。

5.2.2　及时收集并分析 OKR 数据

OKR 落地以数据为依托，因此收集和分析数据十分重要。在收集和分析数据时，管理者要注意提供部门、数据一致性、数据时效性、数据与OKR 标准的关系 4 个方面。

1. 提供部门

从原则上来说，管理者不应该使用与 OKR 相关的部门提供的数据，而应该使用其他部门提供的数据。如果遇到只有某部门有某项数据的情况，比如，产品质量数据只能由质量管理部门提供，那么该数据应在经过有关部门的核实和领导的审批后才能使用。

2. 数据一致性

数据一致性可以保证各部门在进行数据统计时所使用的方法、标准等属于同一套体系。例如，在进行工时利用率考核时，某企业的管理者发现，企业的厂部和生产部统计得到的数据存在较大的出入。

经过调查发现，两个部门在进行工时利用率的统计时所采用的统计方法、统计标准等都不一样。例如，生产部统计的有效工时是指在实际生产上所用的工时，厂部则是将实际上班的员工的工作时间累加，两个部门的数据不一致。

为了避免出现案例中的情况，在收集数据时，管理者首先应该确认各部门的数据是否一致，不一致时应标注出各自采用的标准是什么，以提升数据分析效率。

3. 数据时效性

在 OKR 落地的过程中，管理者应该记录好有时效性的数据，保证这些数据始终是可靠、准确的。例如，在客户投诉时，要及时记录客户信息及投诉原因；员工好的或坏的表现也要记录下来，这样才能保证月末统计时所有数据都是令人信服的。

4. 数据与 OKR 标准的关系

收集的数据应和 OKR 标准有密切的关系，这就要求设立的 OKR 标准应利于相关数据的收集。如果有些数据无法收集，就应该尽快找到或建立新的流程和制度，或者修改与 OKR 标准相关的数据，选择更好收集的数据作为 OKR 标准。

收集和分析数据是比较烦琐的工作，对管理者的细心程度要求很高，是 OKR 落地过程中最容易出现问题的环节。对于数据的提供部门、数据的一致性、数据的时效性、数据与 OKR 标准的关系 4 个因素，管理者需要进行严格、全面的把控。

5.2.3 安排同级部门一起完成考核

OKR 考核是一项需要多个部门合作完成的工作。在进行 OKR 考核时，各部门应从以下几个方面入手一起完成此项工作。

1. 明确 OKR 考核目的

在进行 OKR 考核时，各部门应首先明确 OKR 考核的目的。领导可以和员工代表一起讨论相关问题，例如，OKR 考核会给企业和部门带来哪些变化，OKR 考核的好处是什么，管理层员工在考核期间的角色、任务、权利是什么等。在明确了 OKR 考核的目的之后再进行 OKR 考核，有利于消除员工的顾虑。

2. 做好准备工作

各部门为 OKR 考核做好前期的准备工作是十分有必要的。同级部门可对自己部门的管理制度、各岗位职责等内容进行梳理和完善，并结合企业的发展计划和实际情况，制订出初步的 OKR 实施计划和 OKR 考核方案。这些准备工作能够保障 OKR 考核顺利开展，提升 OKR 考核效率。

3. 领导出面协调各部门进行合作

在进行 OKR 考核时，领导应该出面协调各部门负责人，共同进行指标及各影响因素权重的设计，然后由人力资源部门进行审核。各部门负责人经过反复商讨得出的统一方案交由领导审批，最终达成一致意见，保证方案合理、有效。

4. 做好推广工作

为了保障 OKR 考核顺利进行，企业应就 OKR 考核向员工进行正面宣传。因此，各部门在协助推进 OKR 考核时，应该做好部门内的推广工作。一方面，进行宣传推广可以加深员工对 OKR 考核的认识，减小推行 OKR 管理的阻力；另一方面，可以提升部门负责人对 OKR 考核的熟悉程度，提高其在 OKR 考核过程中的执行能力。

5. 做好试点工作

OKR 考核应该从某一试点开始，以"以点带面"的方式逐步推进。例如，OKR 考核可以先在高管层进行，或者在比较容易出成果的部门中进行。当试点有了明显的能力提升和进步时，就可以在组织内部全面推行

OKR 考核。

6. 注意收集和整理意见及建议

在 OKR 考核过程中，各部门都要注意反馈，收集和整理员工的意见和建议，不断推动 OKR 考核方案完善。也就是说，各部门不仅要积极实践 OKR 考核的各项要求，还要关注并收集、整理 OKR 考核过程中的各项问题，起到"桥梁"的作用。

总之，OKR 考核不只是某个部门的任务，而是需要所有部门协同完成。在进行 OKR 考核的前期、中期、后期，各部门都应积极配合其他部门的工作，保证 OKR 考核可以顺利完成，推动企业不断向前发展。

5.2.4 处理好 OKR 和绩效薪酬的关系

3P 薪酬模型有 3 个维度：职位（Position）、能力（Power）和绩效（Performance）。在现实中，绩效薪酬体系得到广泛应用。管理者要对员工的 OKR 完成情况进行评价，得出员工的绩效，从而确定员工的绩效薪酬。

由于 OKR 与员工的绩效薪酬、利益密切相关，因此能起到激励员工的作用。那么，绩效薪酬应该在员工的总薪酬中占多大的比例较为合适呢？在确定绩效薪酬的比例时，管理者必须充分考虑岗位的特点，为不同岗位确定不同的绩效薪酬比例。例如，一线销售人员的工作任务是销售产品，而质检人员的工作任务是保证产品的质量，因此一线销售人员的绩效薪酬比例就应该比技术人员的高，这样才能激励销售人员积极开展销售工作。

某生产企业在创业初期快速发展，进入稳步发展阶段。与董事和股东讨论后，该企业的管理者决定引入绩效薪酬管理模式。一开始，该管理者没有进行深入的研究和学习，认为绩效薪酬管理模式就是"基本工资 + 绩效工资"模式，盲目地将这种模式在企业内落地。

经过一个月的试行，除了销售人员的工资没有太大变化，其他员工的工资都明显降低了，这引起了员工的不满，许多员工都向领导投诉。经过仔细的研究和学习，管理者意识到，绩效薪酬比例不应该随便设定，而应充分考虑岗位特点，既要通过绩效工资激励员工，又要确定岗位工资给予员工安全感。

经过一段时间的调整，该管理者终于确定了适合企业的绩效薪酬比例，如表 5-1 所示。

表 5-1　该企业各岗位薪资构成

岗位	岗位工资	绩效工资	加班工资	福利津贴	备注
一线销售人员	40%	60%	有	部分	
销售管理人员	60%	40%	有	部分	
技术人员	80%	20%	有	部分	
操作员	40%	60%	有	部分	
经理	80%	20%	有	部分	
主任	60%	40%	有	部分	
辅助人员	80%	20%	有	部分	

通过上述案例我们可以发现，在确定绩效薪酬时，要充分考虑各岗位的特点。与此同时，管理者还要在保证员工获得安全感的前提下，尽量提高绩效薪酬比例，这样才能更好地发挥 OKR 的激励作用。

在市场环境迅速变化的背景下，企业按部就班地完成任务已经无法应对日趋激烈的竞争，企业应该更看重员工的工作效率和质量，而不是仅看员工是否完成任务。按照绩效结果确定员工的绩效薪酬，能够激励员工竭尽全力工作，激发员工的斗志，降低企业的管理成本。

5.2.5　选择合适的 OKR 工具，助力 OKR 落地

在助推 OKR 落地的过程中，选择合适的 OKR 工具十分重要。合适的 OKR 工具能够为企业 OKR 落地提供辅助，减少 OKR 落地的阻碍。但是市场中的 OKR 工具质量参差不齐，企业管理者需要擦亮双眼，选择高质量、提供完善服务的 OKR 工具。

在助推企业 OKR 落地方面，真果 OKR 做得十分出色。真果 OKR 始终坚持确保 OKR 在落地的过程中与真实场景挂钩，让 OKR 切实为企业赋能。

在助推企业 OKR 落地方面，真果 OKR 具有两方面的作用。

一方面，真果 OKR 能够为企业提供个性化服务，帮助企业快速落地OKR。真果 OKR 能够有效管理和跟进企业需要跨部门协同的目标，搭建

高效的组织运营体系。同时，基于对不同行业业务的总结和提炼，真果 OKR 能够为企业设计完善的 OKR 导入和落地方法，帮助企业 OKR 顺利落地。

另一方面，真果 OKR 能够将 OKR 与日常工作、项目管理等紧密结合在一起，帮助企业实现高效的目标管理。真果 OKR 能够实现 OKR 与员工日常工作的连通，保证员工每天的工作与 OKR 挂钩，确保员工聚焦于企业关键目标和任务，进而推动 OKR 落地。同时，真果 OKR 能够实现 OKR 与项目管理的连通，使项目目标明确、可控，保证项目成功实施。

真果 OKR 能够根据企业的需求为企业提供定制化的服务，如员工培训、OKR 教练培训等。基于以上诸多优势，真果 OKR 受到了很多管理者的青睐。

合适的 OKR 工具能够根据企业属性、业务、需求等为其制订个性化的 OKR 实施方案，并提供 OKR 落地全过程陪伴，及时帮助企业解决 OKR 落地过程中的各种问题。OKR 工具能够为 OKR 落地提供强有力的支撑。

5.2.6 真果 OKR：助力项目管理协同可控

为推进项目顺利落地，企业需要制订完善的项目计划，预测完成项目所需的时间、成本以及项目风险。同时，企业需要及时解决项目落地过程中出现的问题，做好项目管理。

真果 OKR 可以应用于项目管理中，助推项目顺利落地。具体而言，真果 OKR 可以在以下 4 个方面发挥作用。

1. 实现项目落地过程的可视化

具体而言，真果 OKR 可以实现以下 5 个方面的可视化：目标进度可视化、团队协同状态可视化、不同部门责任分工可视化、资源分配可视化、团队或个人在不同项目中价值创造的可视化。

2. 构建项目团队

一般来说，项目不需要全员参与，企业需要构建项目团队，只有团队成员才能够查看项目内容和进度。借助真果 OKR，企业可以根据需要将 OKR 目标和关键成果设置为公开的或私密的内容，只有获得权限的项目成员才能够查看私密的内容。

3. 驱动项目顺利推进

项目管理工作包括设定目标和各项任务、监控各流程和环节、保证团队成员的工作不偏离正轨等。如果没有科学的管理手段，在有限时间内完成项目并不容易。

真果 OKR 能够帮助企业制订项目计划，确定项目的目标、实现路径、各项任务等，同时定义项目的责任、时限、边界等，能够实现资源的聚焦和团队执行力的提升。以可视化的目标为牵引，真果 OKR 能够帮助团队搭建一种高效协同的机制。

企业可以通过真果 OKR 追踪目标进度，也可以查看日常任务、项目预算、人员调配、人员贡献等多个方面的情况。真果 OKR 具备进度监控、沟通反馈、项目看板、数据统计等多项功能，可以帮助企业构建项目动态管理体系。

4. 支持项目考核

合理的考核机制能够体现公平、公正，提高团队成员工作的积极性，助力项目顺利推进。真果 OKR 支持企业以多种方式灵活定义绩效考核规则，并设置不同的打分方式，有助于企业对员工进行多元化考核。

5.3　重视 OKR 反馈与改进

OKR 落地的一个重要环节是员工和管理者共同对 OKR 实施结果进行反馈，以推动员工持续地改进工作。OKR 反馈与改进包括面谈和公示、处理员工投诉等工作。这些工作能够优化 OKR 落地结果，因此一定不能被忽视。

5.3.1　面谈 + 公示：OKR 必须透明

为了实现最好的反馈效果，选择合适的反馈方式很重要。OKR 结果的反馈方式主要有面谈和公示两种。面谈又分为个人面谈、集体面谈等方式，其中一对一的个人面谈效果最好，也最常见。绩效公示对员工的激励作用较大，但在操作上需要谨慎。

下面以最常见的个人面谈为例讲述面谈的技巧和方法。管理者和员工面谈的内容和方式应该根据员工的特点而有所变化。按照 OKR 结果的好坏，管理者可以把员工分为"优秀""无进步""较差"三大类。在与不同类别的员工面谈时，管理者需要注意的事项也有所不同。

1. 优秀员工

管理者与表现优秀的员工面谈，谈话内容应以鼓励、肯定他们的成绩为主，激励他们再接再厉。在面谈过程中，管理者应该了解他们具备哪些优点，并鼓励他们主动将自己成功的方法分享给同事。

为了激励优秀员工继续保持出色表现，一些管理者会在面谈过程中承诺给予员工升职、加薪等物质奖励。这是有必要的，但是管理者要注意许诺的物质奖励的大小，避免出现"开空头支票"的情况，否则不仅打击了员工的积极性，也损害了自己的信誉。

2. 无进步员工

在和无进步的员工进行面谈时，管理者应该保持开诚布公的态度，耐心地和员工一起找出其没有取得进步的根本原因，然后对症下药。如果某员工没有取得进步的原因是缺乏动机，那么管理者就应充分肯定员工的能力，使用激将法等方法刺激员工产生竞争意识，从而产生进步的动机。例如，负责人可以说"原来 ×× 不如你，但是现在却超过你了""如果你愿意干，肯定是前几名"等话语，以激发员工的斗志。

3. 较差员工

与较差的员工进行面谈时，管理者要挖掘出员工表现差的原因。如果是工作方法有问题，管理者应引导员工找到正确的工作方法；如果是工作态度有问题，管理者应严肃地警告员工，严重者可直接开除，这样可以起到震慑其他员工的作用。

除了面谈，另一个重要的反馈方式是公示。对于员工而言，OKR 结果公开意味着他人会知道自己的工作情况，这样就会在团队中形成一种竞争的氛围；对于管理者来说，公开 OKR 结果意味着自己的管理方式会受到所有员工的审视与检验，这会给管理者带来一定的心理压力。管理者要想做好公示，首先要具备两个条件。

（1）清晰。清晰指的是 OKR 完成标准要清晰。标准越清晰，OKR 结果是"人工操作"的可能性就越小，员工才会信服 OKR 结果，出现争议的可能性才小。

（2）认同。只有员工认同OKR是激励自己进步的工具，而非领导的"杀威棒"，员工才不会抵触公示OKR结果，公示才能真正起到激励员工的作用。

由于公示是一把双刃剑，因此对于公示过程中的每个细节，管理者都要有清楚的了解。一般来说，在以上两个条件的基础上，管理者还要充分考虑以下内容。

（1）公示内容。管理者应该对公示内容深思熟虑，保证公示内容与OKR密切相关，能够起到激励作用。一般来说，公示内容有业绩、行为、态度、能力、工作表现等，公示这些事实性的内容，可以保证公示的公平性和客观性。

（2）公示对象。为了起到激励作用，公示对象最好是表现优秀的员工，以为其他员工树立榜样。在企业的公示制度已经非常完善的情况下，管理者可以酌情公示一些绩效中等或绩效差的员工。

（3）公示范围。为了让公示的榜样效果达到最大又不会使员工之间产生矛盾，公示的受众范围不宜过大也不宜过小，以部门为单位进行公示最好。

（4）公示部门。不同部门的工作职责不同，加上OKR的成熟期也不同，因此在公示时应充分考虑部门特点，优先在OKR管理比较成熟的部门进行公示。

（5）投诉反馈。公示要经得起员工的考验，因此公示时应该给出反馈渠道，最好是能够直接反馈给领导的渠道。

总之，对OKR进行考核和评价后，管理者必须将结果反馈给员工，最常用的反馈方法是面谈和公示。这两种方法各有优劣，管理者需要在充分考虑实际情况后做出合理的选择。

5.3.2 如何处理员工的投诉

无论实施OKR的效果有多么好，都会有考虑不全面的地方，因此有员工投诉是正常的。如果能够正确处理员工的投诉，不仅有利于后续工作的推进，还能够不断完善现有的OKR方案，让OKR方案更符合企业的实际情况，真正起到激励员工和企业进步的作用。

湖北某教育公司的 OKR 专员李傅认为员工的投诉莫名其妙，因此他不用心处理员工的投诉。这样一来，李傅就遭到了员工的抱怨，被上司点名批评。李傅很苦恼，于是向同事王恒请教："明明 OKR 方案已经设计得很合理了，也告诉员工这个方法是按照理论研究总结出来的，为什么员工还是认为不合理？"

王恒告诉他："员工对 OKR 不满意肯定是有原因的。员工投诉时会使用情绪化的语言，会干扰我们提取问题的关键信息，这是导致你不能合理解决问题的关键。"李傅犹如醍醐灌顶。他认真回想自己处理员工投诉的方式，发现自己从未认真分析过为什么员工会投诉，只是反复地向员工解释 OKR 的合理性。

员工的根本问题得不到解决，自然会对投诉的处理方式感到不满。从此之后，李傅详细询问员工认为 OKR 具体哪里不合适，然后有针对性地解释自己的做法和观点。经过改进，员工对李傅的评价好了很多。

从李傅的案例中我们可以发现，处理投诉的重点在于找出员工投诉的根本原因。除了恶意中伤的骚扰性投诉，员工的投诉可以总结为对 OKR 考核方式的投诉和对 OKR 考核结果的投诉两大类。针对这两类投诉，管理者的处理方式应有所不同，下面分别进行介绍。

1. 对 OKR 考核方式的投诉和处理方式

在实施 OKR 的初期，企业管理者和员工的经验都不足，很容易出现 OKR 考核存在纰漏或员工对 OKR 考核的理解不够深刻的问题，于是会出现较多有关 OKR 考核方式的投诉。

在这种类型的投诉中，最常见的表述是"凭什么"，例如，凭什么要他考核我，凭什么财务部的考核要和营收指标挂钩等。这些话语实际上表明了员工对 OKR 考核制度不理解。针对这种投诉，有效的处理方式是进行解释，即管理者要向投诉者详细解释有关制度。

但是产生这类投诉的原因也可能是制度确实不够完善，管理者应该认真听取员工的意见，对现有制度进行修改和完善。

2. 对 OKR 考核结果的投诉和处理方式

在员工的投诉中，比例最大的是对 OKR 考核结果的投诉。由于 OKR

考核结果和员工的利益息息相关，因此员工对OKR考核结果十分重视。许多员工认为自己的工作表现优于管理者给出的OKR考核结果，因此认为OKR考核结果不公平，进而投诉。在这种投诉中，员工会质疑考核结果，认为考核不公平，主要有以下3种表现形式。

（1）认为OKR考核标准不公平，例如，"我明明完成了任务，为什么我的结果是'需要改进'？"。

（2）横向不公平，例如，"我和××不相上下，为什么我的等级比他低？"。

（3）认为管理者不公平，例如，"他就是打击报复我。"。

对OKR考核结果的投诉，处理方式一般有以下几种。

（1）理解员工感受。一般情况下，如果员工不是确实有怨言，是不会选择投诉这种较为偏激的方式表达意见的。因此，理解员工的感受，诚恳地表明愿意为员工解决问题，是管理者妥善处理投诉的第一步。

（2）让领导和员工面谈。在解决问题的初期，领导应该和员工面对面地沟通，以消除双方的误会。如果沟通不成功，再由第三方介入进行调解。

（3）审查OKR考核过程是否保证了程序公正。程序公正是指考核过程中的每一个步骤都贯彻公平的原则，如员工都进行了自评、管理者广泛收集各方意见、考核结果受到高层的审批与核实等。如果审查发现OKR考核的程序存在问题，就应该重新进行OKR考核。

（4）审查OKR考核结果是否公正。在程序公正的基础上，管理者和员工可以发表自己的意见。如果OKR考核结果公正，则要在维持原结果的同时对管理者进行OKR管理培训，避免再次发生员工不认可结果的情况；如果发现管理者拉帮结派、故意打击报复员工，则要对员工的OKR考核结果进行客观的审查，并对管理者进行处罚。

（5）正确处理员工拉同事"下水"的情况。如果OKR考核结果已经被证明是公正的，但员工依旧纠结于"甲不如我，得分却比我高"，正确的处理方式是强调员工应该正视自己的成绩，他人的成绩是由管理者全面考察后给出的，而且不在本次投诉的讨论范围内。这样处理可以避免投诉复杂化。

（6）正确疏导员工低落的情绪。员工认为自己的付出没有得到认可，情绪低落是必然的，管理者要引导员工正确看待 OKR 考核，强调 OKR 考核是"对事不对人"，并非否认他的个人能力。管理者要鼓励员工继续努力，发挥自己的才干，让员工明白"是金子总会发光的"。

5.3.3　管理案例：OKR 统一团队的目标

OKR 是一面"镜子"，"照"出了一个团队的战略落地能力、创新力、协同力和自驱力。处在高速发展期的团队，尤其需要尽快提升管理能力，以实现从"团伙"到"团队"的发展。而一个团伙之所以能发展为团队，关键要素之一就是统一的目标。

OKR 的价值是让团队的目标实现上下一致及左右对齐。顾名思义，左右对齐就是横向拉齐，促进部门间的沟通，以对目标达成共识。而上下一致，是指目标自上而下是一致的。这一点非常重要。上至团队的使命、愿景，下到具体的工作任务，一定要保持一致，这样团队内部才能高效协同，在目标上达成一致。

国内某家文化传媒公司拥有近 300 名员工，处于高速成长期。该公司的很多管理者都是从一线员工提拔上来的，组织架构刚搭建起来，亟须实现管理升级。该公司需要一个方法让飞速发展的团队保持聚焦、跨部门协作能够高效进行。

该公司专门开展了一次别开生面的 OKR 培训，在接受了 OKR 基本概念和理论培训的基础上，各个部门的代表用半天的时间进行了 OKR 共创。在这个过程中，管理者意识到，原来各层级员工没有对目标达成共识。同时，管理者也意识到员工充满了活力，有着很多新奇的想法，但是在过去，很多声音没能被听到。经过半天的共创体验，员工的士气高涨，对未来的信心更足。管理者也坚定了要在公司实施 OKR 的决心。

管理层首先进行了价值观和战略的共创，让公司各级员工在中长期目标上达成一致。随后，从管理层开始，逐层共创 OKR。所有部门都进行季度 OKR 复盘，一些关键部门以月为单位进行复盘。

在实施 OKR 的过程中，该公司的管理短板逐渐暴露出来，如很多年轻管理者缺乏管理意识、管理手段比较单一等。如果有 OKR 教练和有针对性的管理课程的帮助，这些年轻管理者的管理工作将会事半功倍。

OKR 能够帮助企业确定根本目标，这个目标是企业的"定海神针"，是一切业务发展及决策落地的依据，可以从根本上保证业务的发展不背离目标，始终聚焦于目标。OKR 在企业的发展过程中发挥重要作用，助力企业管理者进行周期性的复盘，保证企业上下目标的一致性。

06

第 6 章

OKR 追踪：
严格控制 OKR 实施过程

持续追踪 OKR 可以帮助管理者及时了解企业和部门层面的目标的进展情况。如果员工的工作方向与目标不一致，管理者也可以迅速了解这一情况，指导员工调整工作方向。这对管理者控制整个 OKR 实施过程是大有裨益的。

6.1 高效追踪 OKR 的各类会议

对于任何企业来说，员工都是中流砥柱般的存在。企业要谋求发展，管理者就必须时刻关注员工的工作动向和目标完成情况。而召开周例会、中期评估会、末期评估会，就是管理者了解员工工作情况的重要途径。在实施 OKR 的过程中，管理者要重视这些会议。

6.1.1 周例会：了解进度 + 指导工作

在管理工作中，周例会起着总结工作、监督 OKR 实施等作用，召开周例会是管理者推动目标顺利完成的一个关键方法。但是，一些缺乏经验的管理者经常将周例会开得很糟糕，例如，有些周例会是"一言堂"，即几乎全部由领导发表讲话；有些周例会是"流水账"，即与会者按照既定的顺序发表讲话，没有新意。

小刘是一个外卖平台的运营部经理，按照企业规定，各部门每周都要召开周例会。小刘对召开周例会十分头疼，她知道召开周例会对工作十分有利，但不知为什么，周例会的效果一直不尽如人意。她召开周例会的流程如下。

第一步，将团队的 OKR 及业绩陈述一遍。

第二步，根据 OKR 的完成进度布置本周的任务。

第三步，让业绩突出的员工分享经验。

在周例会的最后，小刘虽然会问员工有没有什么问题，但基本上没有员工提问，也没有员工反映问题，因此每次周例会都是草草收场。其实小刘并没有明确周例会与 OKR 的关系，也不知道在周例会上应该做些什么。

周例会是企业中最常见的会议，会议的内容主要是总结上周的工作，安排下周的工作。召开周例会的目的是对企业或部门完成 OKR 的情况、遇到的问题、下一步计划等内容进行细致分析与探讨。此外，管理者可以通过周例会集思广益，集中员工的智慧解决具体问题。

召开周例会能够使企业各部门之间的工作进度同步，也可以让员工对上一周的工作进行反思与总结。同时，在内容上，周例会注重的不是量化指标和结果，而是更关注信息资源分享以及如何实现更多价值。一般来说，周例会应该有以下 3 个目标。

（1）做目标评估。通过召开周例会，管理者能够确定员工的工作进度，从而分析出员工能否按时完成工作目标以及完成工作目标的时间。

（2）提前识别潜在风险。在周例会上，通过对员工工作情况的分析以及与员工沟通，管理者能够及时发现员工工作中存在的问题，从而提前识别 OKR 实施过程中潜在的风险。

（3）有计划地把 OKR 渗透到管理工作中，以保证员工将个人目标与企业目标及部门目标对齐。在周例会上，管理者对目标的重复能够让员工对目标有更深刻的认识，管理者对员工工作情况的分析能为员工指引正确的工作方向，使员工始终聚焦于自己的目标。

想要发挥周例会的最大作用，管理者可以从 5 个方面入手对其进行优化，如图 6-1 所示。

1	会前充分准备
2	工作优先级
3	确认员工工作状态
4	激发员工积极性
5	会后持续追踪

图 6-1 优化周例会的 5 个要点

1. 会前充分准备

管理者要从员工正在进行的工作入手，将有争议的问题和工作的关键信息整理出来。

2. 工作优先级

管理者要明确召开周例会的最终目的是推进 OKR 的进度。本次周例会对员工工作进度的追踪要与上一次周例会的追踪情况相联系，以明确员工本周的工作和工作进度。同时，管理者要提前设计好具体事项的追踪列表和工作优先级，确保会上的沟通环环相扣。

3. 确认员工工作状态

员工对完成 OKR 的信心有没有变化、员工是否坦白自己遇到的工作瓶颈和具体问题等，都是管理者需要了解的问题。管理者可以根据这些问题分析员工的工作状态。

4. 激发员工积极性

通过对员工工作内容和工作进度的追踪，管理者能够准确地了解员工的工作现状。管理者要根据员工的具体工作情况，对表现较好的员工予以嘉奖，对表现不太好的员工进行鼓励，以激发员工工作的积极性。

同时，在周例会上，管理者要积极听取员工的意见和建议，认可其提出的合理建议和正确想法，以激发其创造性思维，培养其创新能力。

5. 会后持续追踪

周例会是管理者追踪、分析员工 OKR 的有效手段，但是，管理者对员工 OKR 的追踪不能仅通过周例会实现。在周例会结束后，管理者要对员工的工作进行持续的追踪，确保周例会上的决策能切实地落实到工作中。

很多软件都可以帮助管理者进行会议管理工作，基于此，管理者可以与员工进行更深入的交流和互动。例如，真果 OKR 可以助力企业建立及时、高效的会议沟通机制，保证管理者和员工之间的沟通可以顺畅地进行。在真果 OKR 上，管理者可以获取会议纪要，了解待办事项和待决策问题，并及时采取相应的措施，如图 6-2 所示。

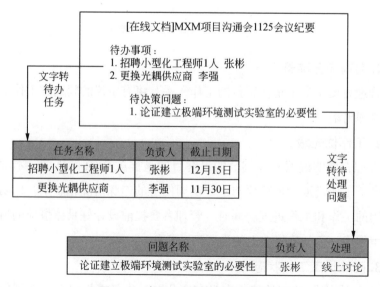

图 6-2　真果 OKR 的会议沟通机制

基于会议沟通机制，真果 OKR 开发了周报功能、双周报功能等，如图 6-3 所示。真果 OKR 允许管理者对周报内容进行定制，包括高优先级任务完成状态、总体任务完成状态、被分配任务完成状态、分发任务完成状态等。这样员工可以了解自己上周或前两周的任务进展。管理者则可以围绕周报召开周例会，进一步提升周例会的效率，实现员工之间的高效沟通。

图 6-3　真果 OKR 的周报（双周报）功能

真果 OKR 还对不同级别的任务进行了分类，使员工和管理者可以很清楚、明确地看到任务完成状态。以高优先级任务为例，员工和管理者可以了解此类任务的数量、完成进度、总体达成率、延迟情况、延迟率等信息，据此安排后续的工作，如图 6-4 所示。

| 高优先级任务完成状态

在 2023-06-05 — 2023-06-11 期间，您负责执行的有×个高优先级任务，完成信息如下：

完成了　个高优先级任务，高优先级任务总体达成率为×%
其中按设定时间完成的达成率是×%
您有×个高优先级任务没有在设定期限内完成，处于延迟状态
高优先级任务延迟率为×%

图 6-4　高优先级任务完成状态

周例会的短期性和持续性对管理者追踪 OKR 的实施十分有利。周例

会能够让管理者及时了解员工的工作情况，便于管理者及时指导员工的工作，从而更好地保证员工持续聚焦于完成自己的工作任务。

6.1.2　中期评估会：汇总信息＋修正错误

北京一家游戏企业制定了年度OKR，企业的管理者对企业各层级员工的工作做出了详细规定，于2022年1月正式实施OKR。2022年6月，人力资源部门按照规定对员工2022年上半年的OKR进行中期评估与修正。

首先，由各部门经理对本部门的OKR数据进行汇总，包括每位员工的OKR历史记录与评定结果、上级对下级的OKR面谈过程记录、OKR追踪记录等。在将这些OKR数据进行汇总之后，各部门经理需将汇总信息提交给人力资源部门。

其次，由于OKR评估涉及企业全体员工，关系重大，因此该管理者成立了OKR评估小组，由人力资源部门落地执行并对OKR评估结果负责。OKR评估小组负责根据OKR实施情况对各部门的工作进行评估。

最后，在企业召开的OKR中期评估会上，该管理者根据OKR评估结果分析了上半年OKR的完成情况和工作中存在的问题，并对下半年的OKR做出了相应的调整，完善了OKR辅导的方法、渠道以及追踪途径等。调整后的OKR能更好地满足企业、员工以及具体业务的需要，为企业顺利完成OKR提供了保障。

周例会的优势在于具有持续性和短期性，管理者能够灵活地对员工的工作做出指导。但周例会也有缺陷，即只能对OKR的实施状态进行初级评估，规避一些小的潜在风险，而对于一些潜伏期长、难以发现的问题，并不能及时地察觉。因此，在OKR实施中期召开一次评估会是有必要的。

中期评估会的重点是管理者对OKR实施半个周期内的数据进行汇总与分析，明确是否存在尚未解决或此前未发现的问题。在会议上，管理者需要就OKR的进度、存在的问题等与员工沟通，了解员工的想法与建议。在中期，企业的OKR已经实施了一半，管理者需要对阶段性的工作成果进行审视、总结，以及时修正方向偏差。

中期评估会审视与修正OKR的作用非常明显。管理者可对前半期

OKR 的完成进度进行分析，对前半期的工作进行评价。同时，管理者还可根据前半期 OKR 的完成情况和存在的问题对后半期 OKR 的实施做出指导。

中期评估会与周例会在形式上并无太大差别，只是中期评估会的关注点在于确认 OKR 的进度，及时修正错误。管理者需要根据前半期 OKR 的完成情况确定后半期 OKR 实施的重心，使用合理的方法规避此前工作中存在的问题。

6.1.3　末期评估会：OKR 情况分析 + 高效复盘

在追踪 OKR 方面，召开末期评估会也是一个不错的方法，能够对 OKR 实施的整个过程进行客观分析。通常来说，管理者召开末期评估会的目的主要是明确两个问题：第一个问题是 OKR 是否完成以及完成到什么程度？第二个问题是哪些因素促使 OKR 完成或者哪些因素导致 OKR 没有完成？

为了明确 OKR 是否完成以及完成到什么程度，管理者要对每一个关键成果进行评级或打分，根据每一个小目标的完成情况来分析 OKR 是否完成。如果 OKR 没有完成，管理者要分析 OKR 完成度和没有实现的原因。

在明确了第一个问题之后，管理者就要分析哪些因素促使 OKR 完成或者导致 OKR 没有完成。如果 OKR 顺利完成，管理者就需要分析推动 OKR 顺利完成的因素有哪些，并与员工讨论在哪些方面、哪些细节上还有提升的空间，哪些方法还能进一步优化等。如果 OKR 没有顺利完成，管理者也要分析原因。因此，管理者在季度末评估会议上需要真实地、坦诚地面对在实施 OKR 过程中出现的问题。

在利用末期评估会分析 OKR 的完成情况与具体细节时，管理者要注意以下几个关键点。

1. 末期评估会一定要坚持到底

管理者要注意，末期评估会一定要坚持到底，不能在问题还没有找到解决方法时就草草收场。在末期评估会上，总会有一些棘手的问题有待解决，管理者不能避而不谈，而是要带动整个会议的气氛，让全员积极地参与进来，为棘手的问题出谋划策，以便从中找到最优解决方案。

2. 通过提问来反思 OKR 中存在的问题

管理者在客观判断 OKR 时，要从 OKR 实施的各个方面分析问题为什么会产生，主要包括以下几个方面。

（1）从 OKR 实施过程的角度分析问题为什么会发生？

（2）从制定 OKR 的角度分析为什么没有提前识别出潜在风险？

（3）从监督 OKR 的角度分析在实施 OKR 的过程中为什么没有发现问题？

管理者只有在末期评估会上全面、认真地分析以上 3 个问题，才能发现 OKR 实施过程中潜在的风险。管理者不仅要清楚地了解可能出现的风险是什么，还要了解为什么会出现这样的风险、为什么这样的风险在前期的风险预估中没有被识别出来、为什么这样的风险在监督过程中没有被发现。

3. 降低自己的期望

无论是举办末期评估会还是制定目标，管理者都应该明白管理的重要意义在于激发员工的积极性和创造精神。管理者在末期评估会上的关注点不应仅是员工 OKR 的得分或完成度，还要关注末期评估会能否激励员工进步。因此，在末期评估会上，管理者要降低自己的期望，不要过分重视员工 OKR 的得分或完成度。只要末期评估会对员工工作有积极的影响，会议就是有效的。

OKR 末期评估会能够对整个 OKR 实施过程进行复盘，管理者能够通过对 OKR 完成情况进行分析，了解其存在的问题和能够进一步优化的方面。更重要的是，OKR 末期评估会能够为管理者之后制定 OKR 提供依据，使之后的 OKR 能够更加高效地实施。

6.2　必备追踪工具：PDCA 循环

PDCA 循环是一种管理工具，有助于持续改进组织的各种流程。它由 4 个阶段组成，即计划（Plan）、执行（Do）、检查（Check）和行动（Act），可以让 OKR 更好地在组织内部落地，使员工能快速地适应管理方面的动态变化，提高其完成目标的效率。

6.2.1　计划：保证目标始终一致

在确定追踪方针和目标时，管理者首先要了解追踪的最终目标是什么？要达到什么效果？然后根据最终目标明确关键成果，衡量员工已经朝目标前进了多少，还需要做哪些工作或努力才能达成目标。也许最终目标很遥远，但经过层层分解，完成的路径就会很清晰。

OKR 一般以月度和季度为周期。因此，追踪的周期也可以据此分解，可以按照时间平均分为 3 段，初期、中期、末期都进行追踪，也可以按照目标完成的节点进行追踪。

追踪 OKR 是为了保证全员目标始终一致，引导员工按照计划完成目标，不偏离方向。清晰的追踪计划可以提升 OKR 实施效率，降低出错概率，保证目标如期达成。

6.2.2　执行：设计具体追踪方法、方案

有了目标和计划，那么，管理者如何追踪目标和计划的实施情况呢？管理者可以通过拆分任务将任务细化到时间点，并借助任务清单完成情况检查目标执行过程中的每一件事是否做好。一般来说，OKR 有一套完整的实施流程，可以总结为 CRAFT。

C 指的是 Create（创建），即以小团队的方式，为 1 ～ 3 个目标设定 4 个以内的关键成果。R 指的是 Refine（精炼），即通过评审会的方式进一步完善与精炼 OKR。A 指的是 Align（对齐），即识别目标之间的依赖关系，与其他团队讨论，并达成一致意见。F 指的是 Finalize（定稿），即确定 OKR。T 指的是 Transmit（发布），即正式公示 OKR，让全员知道在 OKR 实施周期内应该聚焦什么目标。

企业可以根据这个流程设计追踪方案，明确每个阶段的追踪重点。例如，在创建阶段检查目标的有效性；在精炼阶段，检查关键成果是否可以衡量等。

6.2.3　检查：纠偏，及时发现问题

OKR 实施过程中难免会出现计划有变的情况，这时追踪 OKR 就可以

帮助管理者进行检查、纠偏，以及时发现问题，调配资源，找到应对方案。此外，管理者还要及时评估追踪效果，并根据出现的问题和解决方案总结追踪经验。

例如，管理者可以在周例会上评估目标完成情况，以及关键成果的风险状态；然后在中期评估会上总结并审视这些问题，确定哪些问题已经解决、哪些问题还没解决，尽快找到解决方案；最后在末期评估会上回顾所有目标的完成情况以及最终评分，并回答两个问题："做到了什么程度"和"如何做到这个程度"。

6.2.4　行动：改进和优化 OKR

在 OKR 实施完成后，管理者需要进行复盘、总结，即问自己几个问题："是否完成了预期目标？""没完成目标是哪些原因导致的？""是否可以让结果更好？""下一个阶段要继续挑战未完成的目标吗？""还可以调配哪些资源？""谁可以帮助我？"

复盘、总结是 OKR 追踪的重要一步。通过复盘、总结，管理者可以找到 OKR 设定得不合理的地方，并进行改进使其在下一个阶段更合理。

按照计划（P）、执行（D）、执行过程中反复检查（C）、最后做出总结（A）的顺序完成目标，可以取得更好的成果。无论是管理年度目标还是月度目标，PDCA 循环都是非常有效的工具。总之，PDCA 循环是管理者实施 OKR 的好帮手，它不仅可以简化目标管理的过程，还可以反复运行，使 OKR 的实施效果实现阶梯式提升。

6.3　OKR 不与绩效挂钩，如何激励员工

OKR 与绩效不能混为一谈，但 OKR 具有激励作用又让管理者不得不考虑绩效问题。为了平衡这种关系，管理者必须明确一个问题：如果不与绩效挂钩，OKR 如何发挥激励作用。本节为这个问题提供了两种解决方法：设置单独奖项、分配股权。

6.3.1 将 OKR 与绩效分离很重要

在绩效体系中，OKR 的一个重要作用就是衡量员工的工作情况，为管理者对员工进行考核提供依据。

那么，管理者能否将 OKR 与绩效直接挂钩？答案是否定的。如果 OKR 与绩效直接挂钩，将会弱化 OKR 对员工的激励作用。例如，某客户经理设定了一个具有挑战性的 OKR：2023 年第二季度的销售额较上一季度提升 100%。但最后，该客户经理第二季度的销售额比上一季度提升了 50%，没有完成目标。

那么，在对该客户经理进行考核时，管理者应该如何评价其工作？如果 OKR 与绩效直接挂钩，那么该客户经理显然没有达成目标，无法获得很好的评价结果。但这样的结果对该客户经理来说显然是不公平的，因为没有考虑该客户经理的实际贡献。

该客户经理设定的目标极具挑战性，完成的难度较大，但从实际贡献方面来看，该客户经理能够提升 50% 的销售额也是很优秀的。如果管理者既要求客户经理设定挑战性目标，又以挑战性目标作为考核依据，那么是不公平的。

因此，管理者在实施 OKR 时，要将 OKR 与绩效分离。OKR 的核心是目标，重要意义在于激发员工在实现目标过程中的积极性和创造性。而绩效管理侧重于对员工所做的贡献给予相应的回报。在实践中，管理者可以把 KPI 和 OKR 结合起来应用，以最大化地激发员工的潜力和创造力。

6.3.2 激励特性：OKR 自带的"DNA"

新时代的员工不仅有物质追求，还有精神追求，对工作的意义和环境有更高的要求。因此，新时代的员工更适合用驱动力 3.0 来激励，即"自主 + 目的 + 专精"。

1. 自主

自主指的是员工有权利决定自己做什么。如果管理者只是把员工当成"机器人"，只给他们下达指令，不给他们自主权，那么员工就会失去工作热情。只有让员工做自己想做的事情，才能最大限度地激发他们的积极性和自驱力。

2. 目的

管理者要帮助员工找到工作的目的，即让员工找到自己的工作使命。管理者要和员工深入沟通，了解他为什么工作、他有没有特别想实现的目标，以及他的价值观是什么等。然后，管理者要把员工和企业的需求、目标结合在一起，以实现双赢，让员工有动力并充分发挥自己的能力去完成工作。

3. 专精

员工有了自主意识和工作目标后，管理者还需要及时给其提供指导和帮助。没有人天生就会一个技能，但技能可以逐步培养。管理者要把控员工前进的方向，帮助员工在工作过程中不断提升自己，让员工能把想做的事情做得越来越好。只要员工能持续地从工作中获得正反馈，他就会非常愿意为工作付出更多努力。

总的来说，一方面，管理者要大胆放手，让员工充分发挥能力；另一方面，管理者要谨慎把控，关注员工的工作进展。这是一个动态平衡的过程。在这个过程中，管理者要及时了解员工遇到的困难，并给予他所需的资源和帮助，避免他消耗过多的自信和耐心，被困难打倒。

在员工激励方面，管理者不能真的撒手不管，而是应该在员工有需求时及时为员工提供相应的支持和帮助。这尤其考验管理者的经验和能力。

6.3.3 为员工设置单独奖项，鼓励上进者

在实施 OKR 的过程中，为了强化 OKR 对员工的激励作用，管理者可以设置单独的奖项，以鼓励那些表现优秀、完成目标的员工。在 OKR 推动、团队协作、责任承诺、创新突破等方面，管理者都可以设置奖项。

1. OKR 推动的激励奖项

在企业刚引进 OKR 时，为了推动 OKR 落地，管理者可以设置以下奖项，在季度末或年度末评估员工的工作并颁发这些奖项。

（1）OKR 大使奖。OKR 大使奖用来奖励那些 OKR 完成得十分优秀的员工。这些员工需要具备以下特点：设置的 OKR 具有很强的挑战性、积极更新并分享 OKR 进度、积极分享 OKR 实施过程中的技巧和经验、能够

辅导其他员工制定 OKR。

（2）OKR 优秀团队奖。获得 OKR 优秀团队奖的团队需要具备以下几个特征：部门 OKR 完成优秀、部门目标具有挑战性、部门全体员工都参与到 OKR 实施过程中并贡献自己的力量、部门能够定期追踪 OKR 进度并及时召开周例会等会议。

2. 团队协作的激励奖项

企业实施 OKR 的最终目的是实现企业层面的目标，在推动目标实现的过程中，团队之间的协作是十分重要的。因此，管理者有必要设置鼓励团队协作的奖项。

（1）团队协作奖。在季度末或年度末，管理者需要对在 OKR 实施过程中表现突出的团队进行奖励。管理者可以设计团队协作奖来奖励 OKR 完成优秀的团队。在具体的奖金分配上，管理者可以设置部门奖金池，将员工个人 OKR 完成情况与部门奖金挂钩。

（2）全员认可奖。专门为员工设计的全员认可奖可以鼓励团队之间协作。在设置这一奖项时，管理者需要设置专门的"勋章"，每个月给每个员工发放 10 枚勋章。这 10 枚勋章的使用规则是：员工只能赠送给他人，是对在工作中帮助过自己的人的积极反馈；员工每个月没有送出的勋章将被清零。员工赠送勋章的过程是公开、透明的，必须在公开的记录表上填写赠送的理由。

管理者需要为勋章设置 PK 榜，根据勋章的数量评选出"季度之星""年度之星"。获得"季度之星""年度之星"荣誉称号的员工可以凭借自己的勋章兑换相应的奖品。

3. 责任承诺的激励奖项

在实施 OKR 的过程中，当员工、团队的工作取得突破性进展时，管理者需要对其进行奖励。这种鼓励责任承诺的奖项可以按月度发放。

（1）个人优秀奖。个人优秀奖可以是结合员工的个人需求而给予其的个性化奖励。个人优秀奖的奖品不一定是金钱，也可以是假期、数码产品、运动装备等。这种奖励更加人性化，能够让员工感受到企业对自己的关怀和关爱。

（2）团队庆功奖。在实施 OKR 的过程中，每当团队的 OKR 取得了重大进展时，管理者就可以通过组织团队活动的方式为员工庆功。团队活动形式多样，可以是团队聚餐、团队旅游等。

4. 创新突破的激励奖项

OKR的作用之一是激励员工不断创新，管理者可以设计鼓励团队或个人创新的奖项。

（1）OKR优胜项目奖。获得OKR优胜项目奖的项目要具有挑战性和创新性。挑战性体现在项目比预期时间提前完成或项目结果比预期更好。创新性体现在项目在技术、观念、制度等方面具有独特性，在市场上有强大的竞争力。

（2）OKR创新突破奖。OKR创新突破奖是奖励给实现创新突破的个人或团队的。在个人或团队研发出创新产品时，管理者可以为其颁发OKR创新突破奖。

OKR强调的是驱动员工的内在动机，为员工设置奖项，通过适当的物质奖励，能够强化OKR对员工的激励效果。在设置OKR奖项时，管理者可以根据实际情况和员工的需求选择奖项的类别。

6.3.4 适合长期激励的股权分配方案

管理者可以通过实施OKR识别出有潜力、勇于挑战、工作能力强的优秀员工。在OKR评估结果的基础上，管理者可以结合优秀员工的职务、工龄等因素，为其分配部分股权，使其成为企业的合伙人。

为优秀员工分配股权是一种对员工进行长期激励的有效方式，主要有两个优势：一方面，能够持续激发优秀员工的工作积极性和潜能；另一方面，能够促使优秀员工在设定目标和关键成果时更加贴近企业的目标和关键成果，促使其将自己的目标与企业的目标对齐。

管理者可以通过分析员工的工作贡献、工龄以及职务，识别出优秀员工，然后为其分配股权。

首先，通过员工完成OKR的具体情况来分析员工的工作贡献是管理者挑选优秀员工的主要依据。OKR完成情况能够显示出员工的工作能力、创新能力和勇于挑战的品质，这些都是推动企业发展的重要因素。对于这样的员工，管理者可以为其分配股权。

其次，除了员工的工作贡献外，管理者在为员工分配股权时，还需要考虑员工的工龄。工龄的长短是衡量员工稳定性的重要因素。一般而言，工龄越长，员工对企业的业务越熟悉，工作效率越高，在实施 OKR 的过程中所做的贡献越多。

很多工龄长的员工是在企业成立之初就入职的，他们的付出支撑着企业的发展。而且员工的工龄长，说明他们对企业有着很强的认同感。如果管理者给他们分配相应的股权，他们会更有归属感，会更加积极地为企业持续创造价值。

而对于一些工龄过短的员工，管理者难以判断其稳定性，因此不能随意为其分配股权。在股权分配方面，管理者可以对工龄做出规定，如工龄满 3 年的员工才可参与股权分配。

最后，管理者在为员工分配股权时还要考虑员工的职务。员工的职务越高，承担的风险越大。职务高的员工应该分得更多的股权，如果对管理层员工与普通员工实行一样的分配标准，将很难起到激励作用。因此，职位的高低也是管理者在为员工分配股权时需要考虑的重要因素。

总之，管理者若将分配股权作为 OKR 的激励方式，那么员工在实施 OKR 的过程中所做的贡献就应该是管理者考虑的主要因素。此外，员工的工龄和职务都是管理者在进一步分析员工价值时需要考虑的影响因素。同时，管理者要想在实施 OKR 的过程中进行股权激励，就必须在实施 OKR 之前就制定完善的股权激励制度，让员工了解股权激励的规则，做到公开、透明。

6.4　如何实现持续绩效管理

很多人在听到"绩效管理"这个词时，可能会想到设定目标、OKR、KPI 等概念，有的人还会想到传统绩效评估。实际上，对于实施 OKR 的企业来说，传统绩效评估已经不适用了，它们应该进行持续绩效管理，将 OKR 升级为有价值的、推动变革的管理工具。因此，管理者应该深入了解什么是持续绩效管理，帮助企业尽快从传统绩效评估过渡到持续绩效管理。

6.4.1 持续绩效管理与传统绩效评估有什么不同

持续绩效管理与传统绩效评估有何不同？以足球队为例，一支教练每年只指导一次的球队和一支教练随时规划策略、指导球员的球队，哪一支更容易赢得比赛？答案是显而易见的。

传统绩效评估就像前者，不管球队如何变化，教练只会按照固定的流程提供指导。这种评估模式很难考虑到企业当下的变化，会导致效率低、生产力下降，并且影响文化体系的建设和完善。传统绩效评估是回顾员工过去一年的绩效成绩，但无法及时反映当前员工的工作情况，导致反馈得太晚，员工无法对 OKR 进行优化和调整。

传统绩效评估将所有的问题都集中在一个时间点解决，既会导致反馈滞后、问题不能被及时解决，又会增加员工调整工作的难度。而实施持续绩效管理，问题能够被及时解决，员工的工作也可以及时做出相应调整。而且每个员工都能明确目标，也能体会到绩效评估是公平的，从而受到激励，对团队做出更大的贡献。

下面是持续绩效管理的 6 个要素。

1. 一对一绩效对话

员工与上级的一对一绩效对话应该定期进行，最好每周进行一次。因为这是一个可以提供实时反馈、同步目标、扫除障碍的机会。与年度考核相比，这种定期进行的一对一绩效对话更能提升员工的工作效率。

2. 360 度绩效评估

在 360 度绩效评估中，员工不仅会收到领导的反馈，还会收到同事的反馈。这让绩效管理从考核变成交流。员工从同事那里得到的反馈的威胁性和针对性相对较弱，同事可以为他们提供多样化的建议，让他们更清楚地了解自己工作的全貌。

包括真果 OKR 在内的很多管理工具都有绩效评估功能。以真果 OKR 为例，它可以展现每个岗位的责任和价值创造过程，让员工可以了解自己的 OKR 完成情况和价值创造方向，也可以帮助管理者更清楚地看到员工为企业做出的贡献。

另外，真果 OKR 支持 KPI、360 度绩效评估、平衡计分卡等多种绩效考核方法，并在绩效考核过程中兼顾确定性和不确定性目标。管理者可以定期在真果 OKR 上对目标和关键成果的完成情况进行评估、复盘，为员工提供有效的指导，统一员工的认识，充分激发组织活力。

3. 绩效考核

有规律地进行绩效考核，激励作用更明显。相较于一年进行一次绩效考核，每季度进行一次绩效考核，更有助于目标的完成，也有助于管理者及时发现员工的问题以及变化。另外，对于员工来说，所有工作都还是记忆犹新的，反馈对他们而言更有价值。

4. 认可与奖励

管理者对员工的工作表示认可并给予员工奖励，员工会更加努力地工作。但是，奖励是有时效的，即时奖励的效果最好，奖励得越晚，对员工的激励效果就越弱。

5. 目标设定和管理

目标是绩效管理的重要组成部分，也是使组织保持一致性的关键。因此，管理者要确保员工目标与企业目标一致，将目标追踪与一对一绩效对话结合，以保证员工的工作不会偏离正轨。

6. 调查

绩效管理计划应该是动态变化的，还要能够根据企业的现状实时调整。因此，管理者需要密切关注文化氛围的变化，并定期调查、征求员工的意见，了解员工的敬业程度、对领导的信任、对企业的信心等。这样还能向员工表明企业重视每一位员工的想法和意见，从而提升员工对企业的好感度。

6.4.2 OKR 赋能企业，推动绩效管理升级

与传统绩效评估相比，持续绩效管理更关注过程，例如，管理者会随时和员工沟通，了解员工工作中遇到的问题。很多企业借助 OKR 进行持续绩效管理，实现绩效管理升级。

首先，OKR 可以帮助员工在月初或季度初明确工作方向和关键成果，使员工不会偏离目标。

其次，OKR 所倡导的追踪和复盘，让员工有了更多沟通交流的机会。

在追踪过程中，员工可以通过周例会等方式充分沟通当前的进展、问题与风险。如果问题与某位员工相关，就可以及时反馈给他，让他知晓，以及时采取措施。此外，管理者可以通过员工反馈，及时了解员工的工作状态和工作进度，并及时与员工沟通，帮助员工快速改进工作中的问题。

持续绩效管理强调在实现目标的过程中及时调整。而 OKR 可以帮助上下级及时沟通，保证问题及时被解决。

OKR 评估需要员工自评，由于 OKR 是透明的，所有人都对自己的OKR 了如指掌，因此员工自评时也不会随意打分，能够保持公正、客观。

6.4.3　企业如何向持续绩效管理过渡

现在很多企业都在努力地向持续绩效管理过渡，但变革往往会带来挑战。那些在职级制度下成长起来的管理者可能一时无法接受持续绩效管理的理念，定期的绩效辅导可能会成为他们的负担。因此，管理者在抛弃传统的绩效评估模式之前，需要明确一些问题，例如，绩效和薪酬如何关联、如何衡量员工的进步、如何激励员工学习新技能等。

管理者需要明白，传统绩效评估需要循序渐进地过渡到持续绩效管理，而不是一蹴而就的。

1. 梳理绩效评估流程

在向持续绩效管理过渡之前，管理者必须先确定现有绩效评估流程中的哪些环节有效、哪些环节无效。这个过程需要让企业各层级员工参与进来，以确保他们了解真实的情况。管理者可以明确一些问题，以梳理绩效评估流程。例如，"如果不给员工打分，如何计算薪酬和奖金？""如何衡量员工的绩效表现？""如何建立一个与企业全部岗位相关的系统？"一旦企业明确传统绩效评估的缺陷，就可以很快找到向持续绩效管理过渡的方法。

2. 持续追踪员工工作情况

员工很少独立负责一项工作，更多的是在各个团队和项目中流动工作。对此，管理者应该如何衡量员工的工作价值呢？

持续绩效管理可以精准地衡量员工的价值，因为其会考虑到员工的目标在一年中可能会发生变化的情况。因此，管理者要确保改进的绩效评估流程与每个员工相关，而且无论采用何种方式，都能及时进行追踪记录，并给予员工反馈。记录的频率可以是每周一次、每月两次等，目的是让员工及时得到业绩反馈，而不是一年才反馈一次。

3. 进行管理者培训

如果管理者决定采用持续绩效管理的方式对员工进行绩效评估，那么就需要接受培训，学习相关知识、技巧和方法。管理者需要学习辅导、对话、目标设定技巧，以更高效地对员工进行绩效评估。例如，管理者在对员工进行绩效辅导时需要问一些具体的问题，而不是例行公事地问一句"怎么样了"。

此外，上级领导需要给下级下达具体的任务，例如，每两周对每个员工进行一次绩效辅导，帮助他们取得更好的绩效表现。管理者可以使用特定平台或软件来保存辅导记录，员工可以访问相关信息，从而使重要的提醒更为高效、准确地传达，确保员工的工作不偏离正轨。

4. 解决管理者超负荷工作的问题

在采用持续绩效管理这一方法之前，管理者必须考虑到工作负荷的问题。任何一个管理者，无论能力多强，都不可能为 100 名员工每两周提供一次非常详细的面对面绩效辅导。因此，如果企业的组织架构扁平化，一个管理者要管理几十名员工，那么企业需要先重组更小的团队，然后再推广和实施持续绩效管理。

5. 先让所有人接受变化

在从传统绩效评估过渡到持续绩效管理之前，管理者要确保每个员工都接受这种变化。因为这种变化并不是只改变了管理制度，而是要让员工接受全新的工作风格。与传统绩效评估相比，持续绩效管理更具协作性、灵活性和激励性。因此，管理者需要提前对员工进行相关培训，让每个员工都知道新系统的使用方法，以更快地适应新变化。

6.4.4　管理案例：OKR 给予员工强大的内驱力

趋势专家丹尼尔·平克（Daniel H. Pink）在《驱动力》这本书中指出，"胡萝卜加大棒"的激励方式会降低员工的积极性，抑制他们的创造力，导致他们置长远结果于不顾。那些没有报酬的任务很难吸引他们的注意力，随之而来则是功利主义盛行和企业短视化。

如今，"90后"和"00后"成为职场主力军，他们成长环境优越，更追求自我价值实现和精神需求得到满足。心情是否愉悦是他们选择工作的一个重要标准，而企业作为人才需求方，要关注当前的人才特点，重视满足员工的精神需求。

OKR可以充分激发员工的内驱力。内驱力是指建立在员工自信心基础上的一种自我达成目标的力量，也是员工自身存在的一种内在动机或情感。

小王在给一家企业提供咨询服务时，结识了一位很年轻的程序员。该程序员向小王分享了自己的工作经历：大学毕业后，就职于深圳一家软件公司，从早上9点到下午5点在公司工作，而从晚上7点到晚上12点在家里开发开源软件。他每天在编程方面花费十几个小时，而且开发开源软件是没有任何经济上的回报的。小王问他为什么要这么做？他说："我喜欢编程，享受编程的乐趣。"

该程序员能力出众，在开源软件社区中的知名度很高。当开源软件社区中的一位大咖创建一家数据库管理软件公司时，就向他伸出了橄榄枝，邀请他到北京工作。当那位大咖问他对新公司有什么期待时，他的回答是："不要让那些条条框框妨碍我编程。"

通过上述案例我们可以知道，当一个人对一件事情感兴趣时，做这件事情对他来说就有很多的乐趣，他就拥有内驱力。那么，OKR是如何激发员工产生内驱力的？员工在参与OKR共创时，就把自己的工作从"老板要我做的事情"转变成"我要做的事情"。因为员工在共创过程中有机会自由发表自己对业务的理解，并提出自己的建议，所以员工感觉是在为自己工作，主人翁意识更强。

究竟什么能给员工带来内驱力？除了乐趣，第二个因素就是工作的意义。小张曾经管理一个软件应用支持团队，这个团队的主要工作是为业务部门解决软件使用过程中的各种问题。小张发现，不少员工对自己的工作不感兴趣，觉得工作太无聊、太琐碎了。他们每天的任务就是收发邮件、接听电话，然后解决软件使用过程中一些很小的问题。他们更倾向于加入开发团队，参与软件产品的开发。

　　小张了解到这种情况后，就让下属定期拜访各个部门，包括销售、采购、生产等职能部门，以及财务、人力资源等支持部门。在和这些部门交流的过程中，下属发现，自己每解决一个问题，都给这些部门带来了一些价值，例如，更快地处理客户的订单；找到了更好的供应渠道；财务部门的同事更顺利地完成月末结账工作，不需要加班了。了解到自己的工作很有价值之后，下属的工作积极性大幅提高。

　　在 OKR 共创的过程中，员工可以明确自己的工作产生的影响和价值是什么。在 OKR 的激励下，他们的工作积极性更高，对工作的兴趣也被激发出来。因此，他们可以在工作中更好地发挥自己的创造力和想象力。

　　可见，OKR 不是为了管理而管理，而是要营造一种有趣、自主、重视人才发展的文化氛围，激发员工产生内驱力，让员工主动朝着目标迈进，为企业做出更大贡献。

07

第 7 章

OKR 复盘：
别让 OKR 成为一次性工作

在实施 OKR 时，很多有经验的管理者都强调 OKR 复盘的重要性。那么，OKR 复盘为什么如此关键？定期复盘可以帮助管理者及时发现员工身上的问题，尽早制订应对方案，减少企业的损失。另外，员工也可以通过复盘清楚地知道自己做了什么工作、哪些地方还需要改进等。无论是对于管理者还是对于员工来说，复盘都是一项非常重要的工作。

7.1 思考：OKR 为什么会没有效果

虽然 OKR 是一个非常有效的管理工具，但很多企业在引进此工具后并没有取得显著的效果。这是为什么呢？企业应该如何改善这种情况呢？本节就来解决这两个问题。

7.1.1 只描述实现 OKR 的动作

在实施 OKR 的过程中，一个很常见的误区是只描述实现 OKR 的动作。这个误区会严重影响 OKR 的效果。有些企业管理者在制定 OKR 时，会误将关键成果当作关键行动，描述实现目标的动作，而不是最终结果。例如，你今天的目标是去环球影城见朋友，关键成果应该是见到了朋友，而不是坐地铁到环球度假区站或打车到环球影城。

如果误将关键行动当作 OKR 的关键成果，则规定了实现目标的具体方法，无法让员工发挥主观能动性，更无法激发员工的创造力，OKR 也就失去了意义。

7.1.2 通过 OKR 展示可以做的目标

很多企业制定的 OKR 只是评估去年的业务完成情况，或者预测今年有多少新投资、新产品、新活动。由此得出的目标是可以做的目标。这种确定目标的方法看似非常合理，也能帮助企业获得更好的发展，但这样的目标只能激励团队在现有成果的基础上进一步优化，如效率再提升一些、活动再多一些等，而不能推动团队发生根本性的变革。而且这样的目标还假设外部环境基本稳定，没有考虑到不确定的意外情况，过于理想化。

管理者要设定的是想做的目标，这源于 OKR 的成长型思维。员工的能力是不断提升的，基于员工现有的能力设定的目标是不够高的。这就要求管理者先大胆假设，设定一个能让员工"倒吸一口凉气"的目标，然后员工会想方设法地实现它。

在实现目标的过程中，管理者应该做到缺资源，找资源；缺能力，培养能力；缺人才，配置人才。具有挑战性的目标能否 100% 达成不重要，因为如果所有员工全力以赴、努力完成一个非常远大的目标，即便最终目标没有达成，员工的能力也会得到极大的提升，最终实现的目标也已经远远超出保守的目标。

7.1.3 实施到中途就放弃

OKR 是一个目标管理工具，能够为团队工作的开展提供有效的指导。当团队有了一个高质量的 OKR 后，还要有对应的行动计划，否则 OKR 就会被束之高阁。

OKR 强调聚焦挑战性目标，如果前面几个周期的目标完成情况不好，员工很可能就放弃了，觉得 OKR 没什么作用。之所以会出现 OKR 被中途放弃的情况，是因为员工早已习惯了"听吩咐做事"的工作模式，即先明确自己能做什么以及可以取得什么关键成果，再执行。而新的管理模式落地或目标具有很强的挑战性时，这两者通常是未知的，因此员工很容易中途放弃。

在如今复杂的市场环境下，管理者很难在行动前就明确正确的做法是什么。他们通常都是先行动，再逐渐摸索出一个合适的解决方案。在这个过程中，他们可能会走很多弯路，因此他们必须不断进行复盘和自我修正，以保证实施 OKR 的效果。

7.1.4 制订阶段缺乏员工参与

OKR 是一个工具，更是一种思维方式。很多管理者只是简单地把 OKR 当作工具，仅在流程上追求 OKR 的落地。例如，他们会在组织内部推行 OKR，设定看似合理的目标和关键成果，然后严格按照目标和关键成果的要求，督促员工努力工作。他们只要看到员工都填好了 OKR 表格，就觉得 OKR 已经落地了。

这样实施 OKR 的结果是员工对自己的工作感到沮丧或迷茫。因为其本质仍然是自上而下地分配任务，而不是通过 OKR 共创让员工对目标达成共识。其实 OKR 看似简单，而且概念清晰、要求不多，但实施起来并不是那么容易。

对于任何一个管理者来说，让员工对目标达成一致的、清晰的认知都是极具挑战性的。因此，在实施 OKR 时，管理者要重视澄清、讨论、争论等与员工共创 OKR 的过程，这比直接设定好目标和关键成果更有价值，也更有意义。

对于包括 OKR 在内的任何一种工具和思维方式，管理者和员工都需要不断摸索和练习，才可以真正掌握。就像一个人学会游泳的最佳方法是跳进泳池，然后经历呛水、蹬腿、划水等过程，并在此过程中不断练习正确的泳姿，直到泳姿趋于完美，才能真正掌握游泳这项技能。

7.2 复盘的基本步骤

如果在复盘之前，管理者没有对复盘的整个流程进行总结和思考，不知道复盘的基本步骤都有哪些，那么复盘很难顺利进行，也无法取得很好的效果。对于管理者来说，掌握复盘的步骤是很有必要的，否则可能会影响 OKR 的实施效果。

7.2.1 回顾：将最初目标梳理清楚

在对 OKR 进行复盘的过程中，一个非常重要的步骤是帮助员工回顾最初目标。目标是员工参与制定的，在复盘时，管理者应该引导员工站在集体的角度上去回顾目标，帮助员工充分了解复盘的主题和价值，促使员工对目标完成情况做出精准判断。另外，在复盘时，管理者还要引导员工思考并讨论以下 4 个问题。

（1）OKR 是如何从提出到正式立项的？

（2）OKR 想要实现的目标是什么？

（3）最初的 OKR 计划是怎样的？

（4）OKR 的可预期风险和风险应对措施是什么？

以上 4 个方面是在复盘过程中管理者需要带领员工回顾的。了解实施 OKR 的初衷、OKR 的目标、OKR 计划和应对风险的措施等，管理者能够全面地对最初目标进行梳理，从而使员工更加明确目标。

在实施 OKR 的过程中，环境变化、工作侧重点变化等因素可能导致 OKR 偏离初衷。因此，在对 OKR 进行复盘时，管理者要带领员工回顾

OKR 的最初目标。

7.2.2 对比：最终结果与最初目标是否有差距

在回顾 OKR 的最初目标后，管理者需要对比最初目标和最终结果，并分析二者之间的差距。管理者需要带领员工讨论以下 4 个问题。

（1）最初目标有没有实现？

（2）最开始时的 OKR 计划（包括进度计划、成本计划等）是如何执行的？

（3）OKR 可预期风险的应对措施是否有效？

（4）OKR 实施过程中的哪些问题是意料之外的？有什么影响？出现的原因是什么？

将最初目标和最终结果进行对比，管理者就能发现二者之间的区别。对比最初目标和最终结果，可能会出现以下 3 种情况。

第一种：最终结果和最初目标一致，完成了之前设定的目标。

第二种：最终结果超越了最初目标，OKR 的完成情况比预期的要好。

第三种：最终结果没有达到最初目标，OKR 完成情况比预期的要差。

OKR 的完成情况可能会存在以上 3 种情况。对于管理者来说，对比最终结果和最初目标不仅是为了发现差距，更是为了发现问题。对于最终结果和最初目标之间的差距，管理者要认真思考，以找到解决办法，缩小甚至消除差距。

7.2.3 分析：为什么最终结果与最初目标有差距

在找到最终结果和最初目标的差距后，管理者接下来的工作就是分析原因。在分析原因时，管理者需要引导员工思考并讨论以下 3 个问题。

第一个问题：最初目标没有实现的原因是什么？（可以从主观和客观两个方面分析）

第二个问题：风险应对措施效果不好的原因是什么？

第三个问题：为什么有些出现在 OKR 实施过程中的问题未能被提前识别出来？

如果最终结果和 OKR 的最初目标没有差距，管理者也要引导员工思考并讨论以下两个问题。

（1）最终结果与最初目标没有差距的原因是什么？

（2）在促进最初目标顺利实现的有利因素中，哪些因素具有普遍性、能够被复制，以应用于之后的 OKR 实施中？

这些问题是针对全体员工的，全体员工都要站在自己的立场上基于这些问题进行自我剖析。部门负责人可以从部门管理的角度来剖析，例如，人力资源经理可以从制度的角度来剖析，而基层员工则可以从自身业务规划的角度来剖析。

对于员工的自我剖析，管理者要分析其是否客观。同时，管理者要总结出哪些问题是员工自身原因导致的，哪些问题是客观原因导致的。

通过分析影响最初目标顺利实现的主观原因和客观原因，管理者能够对 OKR 的整个实施过程有更全面的认知。同时，管理者也可以通过员工的自我剖析，对员工的优点和缺点有更深刻的了解。

7.2.4 复盘：积累成功经验，优化 OKR 方案

在复盘的最后，对 OKR 实施过程进行归纳总结是十分关键的一步。回顾目标、分析原因等复盘步骤都是为最后的归纳总结服务的。归纳总结是对整个复盘过程的回顾，而分析原因得出的结论是管理者在进行归纳总结时需要重点回顾的内容。

复盘得出的结论必须是可靠的，管理者可以从以下 4 个方面入手，分析复盘结论的可靠性。

1. 复盘结论的落脚点在偶发性因素上

如果复盘结论的落脚点在偶发性因素上，那么很可能是错误的。如果复盘结论没有经过逻辑验证，就是不可信的。

2. 复盘结论针对的是人还是事

如果复盘结论针对的是人，那么说明这个复盘结论是不准确的。因为复盘结论是规律性的认识，而人是各不相同的。如果复盘结论针对的是事，那么复盘结论就具有规律性。"事"不是指某件具体的事，而是指人之外的所有事物。可靠的复盘结论不是针对人，而是针对事，聚焦事物的

本质。

3. 复盘结论是否经过多次追问

对于复盘得出的结论，管理者至少要进行 3 次追问。如果管理者没有进行追问或者追问的次数不够多，就可能导致复盘结论是浅显的，管理者无法找到问题的根本原因。而对复盘结论进行多次追问，有利于管理者通过分析问题找到准确的答案。

4. 复盘结论是否经过了交叉验证

正如法律上的"孤证不能定案"一样，没有经过交叉验证的复盘结论是不可靠的，而交叉验证可以确保复盘结论具有可靠性。除了从因果关系方面来验证复盘结论外，管理者还可以通过其他案例对复盘结论进行佐证。可以佐证复盘结论的案例应该是同行业的类似事件。

复盘并不是找到问题就结束了。管理者需要聚焦发现的问题，制订合适的改进方案。同时，改进方案往往不是针对某个问题的改进方案，而是针对某类问题的改进方案。一般来说，管理者无法在复盘会议上很快就制订出完善的改进方案。管理者可以在复盘会议上听取参会人员的建议，制订出初步的改进方案，再在会后与各部门负责人沟通，进一步细化改进方案。总之，改进方案往往是逐步完善的。需要注意的是，管理者需要对复盘的整个过程进行记录，以便在会后回顾复盘的过程，查漏补缺，不断优化复盘的整个流程。

在 OKR 改进方案的落实方面，管理者需要确定专门的负责人。在 OKR 改进方案实施的过程中，对改进方案的监督也是很有必要的，管理者需要严格监督改进方案的执行力度，保障信息传递的畅通性，确保 OKR 改进方案能够落实，从而提升 OKR 复盘的有效性。

对于复盘中存在的问题，管理者要在下一次复盘时确认其是否被解决，从而验证改进方案是否有效。企业的 OKR 会在不断改进中实现优化和迭代。

归纳总结经验、优化 OKR 方案是 OKR 复盘的重要组成部分。一次高质量的复盘能够对 OKR 的实施过程进行回顾，对管理者的决策和企业的发展起到指导作用。

7.3　如何做一次高质量复盘

提到复盘，大多数员工的第一反应可能是"太可怕了，我是不是要挨批评了"。其实很多时候，复盘的真正目的是还原事实，找到员工的薄弱之处，有针对性地帮助员工查漏补缺。作为实施 OKR 的主体，管理者应该学会为员工和自己做一次高质量的复盘。

7.3.1　复盘不是一次性工作，不能中断

浙江一家电商企业的管理者在定期进行 OKR 复盘时，发现第一季度的客户满意度明显下降。管理者随后针对这一问题进行调查，同时对实施 OKR 的每个环节进行反思，终于发现问题所在。原来，在季度中期，该电商企业开展了一场产品促销活动。通过分析数据，管理者发现活动期间客服部门的电话接通率只有 20% 左右，而在非活动期间电话接通率也仅有 60%。

了解了这一问题后，该电商企业的管理者调整了客服部门的 OKR，将"使电话接通率达到 90%"作为客服部门的目标之一，客服人员也根据这一新目标设定了自己的关键成果。经过一段时间的调整，客服人员的电话接通率达到了 90%，同时，客户的满意度也有所提高。

客服部门的电话接通率问题得到解决，但在下一个季度实施 OKR 的过程中，管理者发现虽然客户的满意度有所提升，但还是没有达到理想的水平。

在复盘的过程中，管理者对整个业务流程进行反思，发现虽然客服人员的服务态度很好，但解决客户所反映的问题的效率很低。了解这一点后，管理者又为客服部门设定了"将顾客问题解决率提升至 95%"的目标，使客服部门的工作以"解决问题"为导向。在这个目标的要求下，客服人员精简了不必要的关键成果，使关键成果的设定聚焦于"解决问题"这一目标。经过一段时间的调整，客户满意度终于达到了理想的水平。

在以上案例中，管理者在提升客户满意度方面进行了两次反思，而这正是其发现问题的关键。企业管理者进行反思能促进管理流程和业务流程的优化以及目标的实现。

因此，在进行复盘时，管理者可以借此机会对 OKR 的目标、流程等进行反思，使企业在发展过程中少走弯路。通过在复盘中反思整个 OKR 的实施过程，管理者能够从各个方面不断对 OKR 进行调整、优化，提高员工处理问题的效率和企业运行效率，逐步完善和优化企业的管理流程和业务流程，推动企业目标实现。

7.3.2　将流程尽量简化，让复盘更高效

奥卡姆剃刀定律也称"奥康的剃刀"，要求"如无必要，勿增实体"，体现的是简单、有效的原则。在进行 OKR 复盘时，为了进一步提升复盘的质量和效率，管理者需要运用奥卡姆剃刀定律对 OKR 进行精简。

将奥卡姆剃刀定律运用到 OKR 复盘中，可以使企业的管理更加简捷、高效。其实，从某种意义上来说，OKR 就是企业的"奥卡姆剃刀"，能帮助企业过滤掉无用的程序和形式主义，将有价值的目标和关键成果筛选出来，让 OKR 成为推动企业发展的强有力的辅助工具。

在企业引进 OKR 的新形势下，奥卡姆剃刀定律要求管理者对管理工作做减法。这种减法表现在两个方面：一方面，要精简 OKR；另一方面，要重视 OKR 中除了评估以外的关键要素。

在企业实施 OKR 的过程中，各层级员工需要的是引导而不是约束。虽然约束能够减少差错，但约束也会限制员工的发展。另外，在共享经济时代的背景下，OKR 要求管理者执行战略要简单明了、突出重点，要让员工能用最短的时间熟悉管理者的 OKR 决策和特性。

随着时代的发展，许多管理体系已经不能满足企业的需要，管理者需要对企业的管理体系进行周期性完善和简化，使之能始终满足企业和员工的需求。

如果管理者无法从几个目标中找出最具价值的那个，那就只能几个目标都实施，用实际结果来检验目标的价值。但是，奥卡姆剃刀定律对 OKR 提出了更高的要求，即在实施 OKR 之前做好准备，选出最佳方案，使企业上下能够以最快的速度实施 OKR。

在进行 OKR 复盘时，管理者需要从奥卡姆剃刀定律的角度思考以下几个问题。

（1）企业接触的信息是否过于繁杂？

（2）目前使用的各种流程、各种指标、各种报表，是否必要、有效？

（3）OKR 能否高效率、高质量地提升企业的战略执行能力？

如果这些答案是否定的，那么管理者就需要思考如何才能真正有效地实施 OKR。从奥卡姆剃刀定律的角度来说，这一问题的答案就是：对 OKR 做减法。

对 OKR 做减法体现在 OKR 评估方面。管理者在对员工进行评估时要抓住重点，例如，把员工制定的可量化的关键成果，以及对目标的认同度等作为主要评估依据，摒弃一些作用不大的评估因素。这样可以让评估更加简单、高效。

奥卡姆剃刀定律要求管理者对 OKR 做减法，使其简单、准确。将 OKR 复盘与奥卡姆剃刀定律结合，可以有效优化 OKR 实施过程中不必要的流程，有利于推动 OKR 高效落地。

7.3.3　直击痛点，保证复盘的深度

什么样的复盘是有深度的？答案是直击痛点的复盘。管理者不要怕员工在复盘过程中出现意见分歧，甚至发生争吵，而是要鼓励员工大胆提出不同的想法。但是，管理者也要注意，在复盘过程中要避免使用指责、追责的提问方式，要给员工提供一个轻松、愉快的氛围，让员工明白，出现错误和疏忽不可怕，重要的是总结经验，下次做得更好。

无论是组织还是个人，都是通过复盘实现迭代发展的。失败是创新的常态，管理者不要把复盘会开成批斗会，而是要把复盘看作一次学习的机会，深入问题的核心总结经验，避免再次犯错。

另外，管理者不要觉得自己什么都知道，要有意识地"往后站"，要明白自己需要依靠员工的力量才能做好业务。管理者可以分享自己的一些担忧或承认自己的不足，让员工觉得管理者不能面面俱到、也需要依靠团队的力量。这样复盘才会更深入、更有效。

此外，在复盘过程中，"对事又对人"是一个非常重要的原则。管理者要积极地了解员工对事物的看法是什么，例如，管理者观察到员工有迟疑、有所保留，就要询问他对事物有什么看法。事实上，关注员工在

OKR 实施过程中的感受比制订新的行动计划更有利于 OKR 在组织内部的落地。

7.4　不同企业面临的 OKR 挑战

初创企业和传统大企业推行 OKR 往往不是非常顺畅，这与其特点和管理模式息息相关。对于此类企业的管理者来说，推行 OKR 无疑是一个巨大的挑战。为了让 OKR 发挥更大作用，他们需要做好准备，通过使用科学、有效的方法，积极应对挑战。

7.4.1　初创企业：面对多重压力

初创企业规模通常比较小，发展过程中的风险和压力很大，而且往往存在事务繁杂、缺乏资金等问题。初创企业实施 OKR 的挑战来自很多方面，管理者在各方面都要提前制订相应的应对方案。

首先，初创企业的琐事比较多，工作的技术含量较低，员工可能身兼数职。例如，员工需要反复改进产品、接听和拨打客户的电话等。

对于员工的这种工作现状，管理者应该如何制定 OKR ？管理者需要分析员工进行每一项工作的目的，通过对目的的分析将一些琐碎的工作汇总起来。例如，改进产品、接听和拨打客户的电话等工作都有助于实现"改进产品，提升客户满意度"这个目标。通过分析目标与汇总工作事项，管理者就可以将员工的工作分类。

明确了目标之后，管理者还要思考目标是否与企业的发展战略相匹配。同时，在思考如何实现目标时，管理者需要有针对性地为员工分配任务。如果管理者能够做到以目标为中心逐步细化工作，就可以充分调动每位员工的积极性。

其次，每位管理者都希望企业能够发展壮大，但是在发展壮大的过程中，企业面临诸多风险，对于初创企业而言更是如此。例如，有些初创企业面临着资金链断裂、市场环境变化、同行之间激烈竞争等风险，难以"活"过一年。

在企业的未来发展难以确定的情况下，管理者应该采取更加积极、有效的 OKR 管理方式。初创企业的员工有更大的拼搏的勇气和极高的挑战自我的意愿，管理者在组织内部实施 OKR 能够激发员工的积极性和创造性，推动企业快速成长，更好地应对未来的风险。

再次，初创企业往往存在资金短缺的问题，在员工的薪酬和福利方面，初创企业没有较强的吸引力。同时，由于缺乏资金，因此在实施 OKR 的过程中，管理者无法通过设置奖金的方式激励员工努力工作。在员工激励方面，管理者可以充分发挥 OKR 对员工的激励作用。挑战性强的目标，公开、透明的 OKR 实施过程，都可以对员工起到很好的激励作用。

最后，初创企业的生存压力很大，导致员工承受很大的工作压力。初创企业若想生存，就需要不断提升综合实力和竞争力，这无疑给员工带来更大的压力。在巨大的压力之下，管理者要多倾听员工的想法，制定的 OKR 一定要更加包容、能够反映员工的诉求。管理者要通过实施 OKR 增强员工的归属感，缓解员工的焦虑情绪。

此外，为了使 OKR 能与企业的发展和成长更好地结合在一起，管理者在制定 OKR 时，还需要注意以下两点。

1. 制定比较模糊的目标

管理者需要制定比较模糊的目标，为员工的工作指明方向即可。初创企业发展不稳定且容易受到外部环境变化的影响，因此，对于初创企业来说，模糊的目标更为合适。

2. 不将 OKR 与绩效考核挂钩

实施 OKR 的重要价值在于激发员工产生内驱力，这就要求管理者在实施 OKR 时更加关注 OKR 在激励员工成长方面的作用，而不要太在意员工 OKR 评估的分数。

总之，由于初创企业面临着巨大的生存压力和风险，因此需要通过实施 OKR 来充分激发员工的潜力。此外，初创企业一定要注意增强员工的参与感和归属感。只有员工认同 OKR，OKR 的实施才会更加顺利。

7.4.2 传统大企业：进行多重改变

随着时代不断发展，快速变化的市场环境对企业提出了更加严苛的要求，而 OKR 作为能够激发企业活力的有效工具，被很多传统大企业应用于管理中。传统大企业的规模一般较大，内部部门与业务众多，层级复杂，对员工的管理较为严格。

在实施 OKR 时，传统大企业面临着诸多挑战。为了推动 OKR 顺利实施，传统大企业需要在以下几个方面做出改变。

1. 搭建扁平化的组织架构

从总经理到员工，传统大企业的组织架构一般为 5 ~ 6 层，有的可能还存在子企业。复杂的组织架构对于传统大企业来说无疑是一个十分严峻的挑战。这里所说的挑战涉及外部信息的响应速度、内部信息的传递等多个方面。而搭建扁平化的组织架构不但能够解决传统大企业面临的问题，还是传统大企业实施 OKR 的必然要求，扁平化的组织架构有利于 OKR 的分解和各层级目标的聚焦。

2. 建立利益与风险共享的激励机制

在实施 OKR 时，为了更有效地激发员工的潜力，传统大企业需要建立利益与风险共享的激励机制。简单来说，就是将股权分配与激励挂钩。

将股权分配与激励挂钩后，员工的目光就会更加聚焦于自身发展和成长。这样才能从根本上解决员工激励问题，使员工在目标的设定上更容易达成一致；激发员工进行协作的主动性，更有利于在组织内部实现利益与风险共享，推动 OKR 目标顺利达成。

3. 建立敏捷的精英团队

传统大企业员工众多，如果在实施 OKR 的过程中没有做好工作任务分配，就难以保证员工之间的公平性。为了保证员工之间的公平性，充分激发每位员工的潜能，管理者有必要建立敏捷的精英团队。

以软件开发为例，一个开发团队只需要 6 名员工，就能够完成设计、研发、测试等工作。如果这个团队中有一名员工存在工作能力不足、与团队其他成员协作不畅等问题，就会导致团队任务无法完成。同时，因为团队规模小，所以每名员工对团队的正常运作都是十分重要的，而一旦出现问题，也能很快发现，因此团队能够实现高效协作。

4. 项目化运作的能力

实施 OKR 之后，传统大企业不会再按部就班地运营，每个部门会负责不同的项目。例如，人力资源部门负责的"领导能力提升"是一个项目，产品部门负责的"研发新产品"也是一个项目。为了保证项目顺利、高效地完成，不同部门之间的配合是十分重要的。

传统大企业的管理者需要具备较强的项目化运作能力，这要求其将管理流程简化。市场变化迅速，只有管理者具备较强的项目化运作能力，才能更好地、有针对性地解决 OKR 实施过程中出现的各种问题，才能高效地完成 OKR。

5. 结果导向的企业文化

OKR 聚焦于目标，良好的文化氛围能够推动 OKR 顺利实施。传统大企业的管理者往往对员工的控制程度很高，员工工作的每项内容和每个步骤都是确定的。而在实施 OKR 时，管理者就要打破员工身上的"枷锁"。OKR 追求对员工的内在激励，因此传统大企业的管理者就需要在实施OKR 过程中弱化对员工的控制，着眼于目标，建设以结果为导向的文化。

在实施 OKR 时，首先，传统大企业的管理者要对企业的特点进行分析，改善不利于 OKR 实施的组织架构、团队管理、员工管理等方面的因素；其次，要打造适合 OKR 落地的新的组织架构、激励机制、文化等。只有企业整体氛围符合 OKR 的发展要求，OKR 才能在组织内部顺利实施。

7.4.3 管理案例：转变理念是应对挑战的基础

实施 OKR 不是一蹴而就的。通过高频的复盘和沟通，管理者的绩效辅导能力会有所提升，团队的默契度会更高。但很多管理者没有真正清楚地认识到，管理好团队，充分挖掘员工的潜力，促使他们把工作做好，才是他作为领导真正的职责。因此，如果管理者的管理理念没有变化，那么无论他使用 OKR 还是其他管理工具，最终还是有可能走上 KPI 这条老路。

管理者首先要改变的理念是在管理中重考核、轻辅导。在企业中，一种常见的现象是：在年初的时候，管理者给员工定下一个目标，然后就不管不顾了，到了年末才关注员工的目标完成得怎么样。OKR 是一个很有效的目标管理工具，但它不是一个绩效考核工具。在整个目标管理过程中，管理者应该尽可能地简化考核流程，甚至取消考核。

但很多管理者依然秉持看重考核的管理理念，他们认为只有考核才能激励员工，而忽视了对员工日常工作的辅导。我们来看一下国内某顶级内容平台公司是如何追踪和复盘 OKR，推动年轻管理者快速成长的。

在业务增长期，该公司的 COO（Chief Operation Officer，首席运营官）直接管理的团队从原来的 7 个增加到 20 多个。很多原来从属于某个部门的小团队，因业务扩张而独立出来成为一个新的部门，部门管理者直接向 COO 汇报。COO 的痛点是管理范围过大，在时间和管理颗粒度方面面临巨大的挑战。

很多新部门的管理者非常年轻，COO 希望实施 OKR 能让这些年轻的管理者加速蜕变。有一个部门的员工几乎全部是 "95 后"，管理者本来和他们是同事，现在成了领导，和他们关系很好，但管理起来很吃力。

这个团队的管理者和员工共创 OKR 之后，每个月管理者都带领团队进行阶段性复盘。

在第一次复盘时，他们是这样做的。

环节一：绘制理想团队愿景。

每个员工绘制自己心目中理想团队的模样，和所有人共享，以整合团队愿景。

环节二：OKR 自我打分。

每个人给上个周期的关键成果完成度打分，并分享经验、反思不足之处。

环节三：挖掘根本原因。

针对每个 OKR 深入探讨根本原因。

环节四：总结 CSS 行动计划。

依据每个 OKR 完成情况的根本原因，分别总结 Continue（继续的行动）、Stop（停止的行动）、Start（新增的行动）的行动计划，责任到人，规定截止时间。

团队应重视两个方面的同步发展：业务结果和人才成长。业务结果就是实施 OKR 带来的业绩增长。人才成长就是团队或员工的成长。

成长包括两个方面。一方面，OKR 实施过程中可能会出现关键成果没有达成或者目标的完成度不理想的情况，这意味着团队或员工可能走了一些弯路。但试错也是一种成长，走过的弯路可以使团队或员工获得经验。

另一方面，困难能够激励团队或员工成长。如果完成目标的难度很高，用各种方法和工具都没有办法实现，则意味着团队可能面临瓶颈。这时，团队可以通过头脑风暴等方式激发员工思考。当一些难以解决的问题得到解决，员工会获得巨大的成就感。

08
第 8 章

产品部门 OKR：
通过 OKR 做产品规划

产品部门的大多数员工多才多艺、思想天马行空。他们前 1 分钟可能还在和合作伙伴讨论产品问题，后 1 分钟可能就开始讨论用户的需求和偏好。作为企业的核心部门之一，产品部门必须有科学、合理的 OKR，这样才能最大化地释放价值。

8.1 根据用户路径分解 OKR

通过分析用户路径，产品部门可以更了解用户的消费行为与产品使用习惯，推动产品的开发和迭代，进一步提升用户的使用体验。为了打磨出用户认可和喜爱的产品，产品部门可以根据用户路径分解 OKR，使 OKR 的作用充分发挥出来。

8.1.1 确定产品提升指标

用户是最终使用产品的人，因此，产品部门的 OKR 要围绕用户需求制定。管理者制定产品部门 OKR 一个比较简单的方法是围绕用户路径拆解 OKR，引导产品部门以用户的需求为依据改进产品。

在制定产品部门的 OKR 之前，管理者需要先明确影响产品受欢迎程度的主要因素，确定产品应该从哪些方面提升。以借款产品为例，借款产品的唯一关键性指标是低坏账率的贷款余额。坏账率由风控部门负责，贷款余额由产品部门和运营部门负责。

其中，贷款余额 =UV（独立访客）× 交易率 × 借款金额。UV 的提升依赖于产品定位和市场投放，借款金额的提升依赖于运营。因此，产品提升的主要发力点就是交易率。产品部门就可以确定产品提升指标是交易率，这也是产品部门在制定 OKR 的过程中需要分解给员工的总目标。

8.1.2 拆解用户路径

有了总目标，产品部门的 OKR 还不能顺利落地。产品部门的管理者需要将 OKR 进行细化处理，制定出每个员工的目标和关键成果。对此，按照用户路径拆解 OKR 是一个很好的方法。还以前文提到的借款产品为例，其用户路径如图 8-1 所示。

如图 8-1 所示，按照用户借款的步骤，如果将目标确定为提高交易率，那么可以拆解出两个小目标，分别是提升试算页下一步点击率和提升提交借款率。以第二个小目标为例，它可以继续拆解出两个关键成果：支付渠道验证成功率和交易密码输入成功率。这样就得到了有效的目标和关键成果，产品部门的工作可以据此展开。

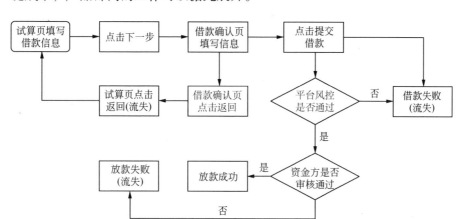

图 8-1 借款产品的用户路径

需要注意的是，用户路径不仅要包括用户操作，还要包括平台或第三方影响用户体验的因素。换言之，既要有用户成功的流程，也要有用户失败和流失的流程。根据这样的用户路径拆解得到的 OKR，有利于帮助产品部门了解用户真正的需求和想法。

8.2 总结漏损原因，设计产品规划方案

根据用户路径制定了初步的 OKR，接下来的工作就是优化 OKR。要做好这项工作，关键在于找到用户路径的漏损之处，并总结漏损的原因。这样不仅有利于帮助产品部门完善产品规划方案，还可以很好地提升每个环节的转化率。

8.2.1 用户决策分析

从用户决策角度来看，流失的用户可能深入了解了产品，但最终没有选择产品。影响用户决策、导致用户最终没有选择产品的因素主要包括以下 4 个。

（1）产品或服务存在缺陷。用户对产品或服务不满意是影响其决策的重要因素。如果产品存在缺陷、服务不完善，难以满足用户的要求，用户

就不会选择该产品。

（2）价格因素。用户决策受价格因素的影响，如果产品没有价格优势，用户就会选择更具性价比的产品。

（3）产品缺少个性化关怀。在选择产品时，用户更加青睐能够满足自己个性化需求的产品。如果产品不能提供定制化解决方案，无法给予用户个性化关怀，就难以留存用户。

（4）用户需求变更。用户的需求可能会发生变化，如果产品无法满足用户的新需求，用户就会选择其他产品。

总之，影响用户决策的因素有很多。产品部门需要全面分析产品，找到具体的漏损原因，并思考解决办法。

以上文的借款产品为例，产品部门可以深入研究用户是如何流失的，并通过分析漏损原因，找到减少用户流失、提升用户转化率的方法。

从用户决策的角度来看，影响用户借款的主观因素是用户的借款意愿和还款能力，客观因素是剩余额度、利息、审核难度等。这些因素可能导致用户中途离开、打消借款念头或转投其他平台。产品部门应该对产品进行改进，如降低利息、精简审核流程等。当然，OKR也应该围绕产品改进方案制定。

8.2.2 用户路径分析

很多应用软件和网站产品功能丰富、页面路径多样，使得用户访问产品的方式也多种多样。产品部门自然希望用户能够走完产品的核心路径，进而实现转化。事实上，用户往往会偏离核心路径，或者因为流程不畅而放弃进一步了解产品。因此产品部门需要对用户路径进行分析，进而根据结果对产品进行优化。

在分析用户路径时，产品部门需要注意以下两个要点。

第一，从场景出发，选择合适的起始事件或结束事件。例如，产品部门明确了用户流失的结果，就可以以此事件为节点进行用户路径倒推，明确是什么影响了结果。

第二，根据需求分析相关事件，而不是对全部事件进行分析。在分析用户路径时，产品部门往往已经明确了问题。这时需要关注的就是与这一问题相关联的事件，将与这一问题无关的事件剔除。这样一来，产品部门进行用户路径分析才更加聚焦，能根据关联事件得出准确的结论。

以上文的借款产品为例，在一次评估用户整体转化率的过程中，产品部门发现打开借款小程序后，最终完成借款的用户较少，转化率较低。针对这个问题，产品部门希望通过用户路径分析找到用户流失的原因。因为目的是寻找在小程序启动到用户借款这一过程中用户流失的原因，因此产品部门以小程序页面开启为起点，分析用户的行为路径。

这一路径中包括用户从小程序页面浏览到最终借款过程中可能触发的全部事件。产品部门发现，打开借款小程序后，只有一小部分用户会直接完成借款，而这部分用户多为产品的老用户。还有一小部分用户会在浏览首页后直接退出小程序。大部分用户会点击查看"借款指南""还款指南"等文件，但在这部分用户中，最终完成借款的用户并不多。

针对这一问题，产品部门对此前实施的 OKR 进行了优化，提出了优化小程序用户路径的部门目标，并据此设置了一些关键成果，如优化"借款指南""还款指南"等内容，将文字表述优化为清晰明了的图文表述；对申请条件、借款和还款流程进行优化，精简流程；新增"常见问题"板块，汇总用户提出的常见问题并给出准确的答案等。

通过用户路径分析，产品部门找到了借款小程序出现漏损的原因，并通过产品优化提升了用户使用小程序的体验，进而提升了借款小程序的转化率。

8.2.3 排列改进优先级，确定解决方案

通过用户决策分析、用户路径分析，产品部门能够了解出现漏损的原因是什么，并据此确定解决方案。

以上文借款产品为例，除了从用户路径分析角度优化用户使用产品的体验外，产品部门还可以从客观因素分析用户漏损原因，并据此确定解决方案，如图 8-2 所示。

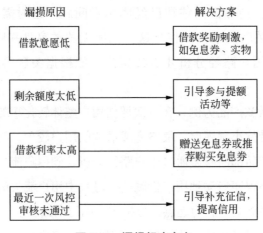

图 8-2　漏损解决方案

　　得到漏损解决方案后，产品部门可以根据需求、性价比对解决方案的优先级进行分析和排序。通常与运营活动相关的解决方案应优先实施。从开发成本的角度来看，免息券是系统支持的工具，开发成本较低，可以快速上线；从收益角度来看，优惠券等刺激手段，各大平台屡试不爽，预期效果不会有太大波动，可以放心使用。

　　而像补充征信这样的解决方案，如果企业的风控体系不完善，那么需要先收集数据、建模、设计策略，然后再落地。这样的解决方案不仅成本高，还无法保障收益，因此适合延后实施。当然，在短时间内，产品部门的 OKR 也不适合与这样的解决方案挂钩。

8.3　OKR 对产品部门有哪些影响

　　绩效考核的结果能够充分展现出员工的优势与不足，在结合公司的未来发展战略后，绩效考核的结果可以应用于员工培训。

8.3.1　提升员工的培训效果

　　根据对 OKR 完成情况的分析，员工的能力和岗位所需要的能力之间的差距能够清晰地展现出来，从而指导培训课程的选择与安排，促进员工的能力增长。在对员工进行培训前，首先要对管理者进行培训，使他们掌握根据 OKR 结果分析出员工能力的技巧，从而给各位员工提供针对性的培训。

在分析员工的能力时，一个常用的工具是 OKR 改进培训开发卡，模板如表 8-1 所示。

表 8-1　OKR 改进培训开发卡（模板）

姓名		工号	
工作岗位描述			
评价类型	完全胜任	胜任	不胜任
上级评价			
自我评价			
教育培训计划			
培训方式	培训主题及课程名称	培训内容	
脱产培训			
在职培训			
自行学习			

通过统计 OKR 改进培训开发卡中的相关内容，再结合员工完成 OKR 的具体情况，管理者可以确定培训的方式和内容。除了培训外，还有一些日常化的方法可以解决员工能力提升的问题。

（1）工作指导法。工作指导法是指向员工具体解释其工作中的不足之处，解释的人员可以是绩效好的员工，也可以是管理者。工作指导法针对性强，能够立竿见影地提高员工的能力。

（2）轮岗法。轮岗法能够帮助员工快速找到适合自己的岗位，这样员工可以充分发挥自身价值。

（3）特别任务法。当管理者发现某位员工具有某种特殊的能力，如领导能力时，就可以使用这种方法帮助其成长。管理者可以授予员工参与高层会议的权利，为其提供更多学习和实践的机会。

（4）"师徒制"。师徒制就是一对一培养，让资深员工带领、指导有潜力的员工，促使有潜力的员工迅速成长。

需要注意的是，培训不是越多越好，盲目的培训不能提高员工的工作水平，也不能推动企业发展。因此，培训要有针对性。

实施OKR能够为员工培训提供依据。管理者可以根据OKR实施结果，了解员工工作中的难点，并据此有针对性地开展培训工作。同时，实施OKR也有利于管理者筛选出团队中的优秀人才，从而有针对性地制订人才培养计划。在OKR的指导下，员工培训的效果将大幅提升。

8.3.2　优化产品部门的岗位分配

在企业中进行人事调整要有一定的依据，而OKR考核结果就可以作为人事调整的依据。因此，OKR也会对产品部门的岗位分配产生影响。为了保证这种影响是正向、积极的，管理者必须特别注意以下几点原则，否则努力可能会功亏一篑。

（1）计划性。无论什么时候，岗位分配都应该有计划地进行。当产品部门出现岗位空缺时，OKR考核结果便可以为管理者提供一定的参考依据。换句话说，不是因为有了OKR考核结果才要进行岗位调整，而是因为客观上需要进行岗位调整，才以OKR考核结果为依据。

（2）时间性。一名员工是否适合某个岗位，需要经过磨合期和经验积累期后才能做出论断。因此，在将OKR考核结果应用于岗位分配时，要把短期的OKR考核结果和长期的OKR考核结果综合起来，这一点在岗位晋升上显得尤为重要。

（3）公平、公正性。把OKR考核结果应用于岗位分配，相关的标准应该事先公布，保证岗位分配的公平、公正。例如，在正式实施OKR前，管理者就应该和员工约定好，连续多长时间OKR考核结果优秀的员工可以参加岗位竞聘，连续多长时间OKR考核结果不合格的员工会被辞退。提前明确标准，可以避免出现不必要的纠纷，并促进员工将压力转化为动力。

（4）全面性。职务、岗位不同，所需的能力也不同。有的员工能在自己的岗位上做得非常出色，但缺乏领导能力，不适合管理岗位。是否提拔这类员工，管理者要全面考虑员工的能力和素养：一方面，要看他的本职工作做得是否出色；另一方面，考察其个人能力是否匹配更高职务。

下面讲述一个因为没有结合 OKR 考核结果提拔员工，导致员工和岗位不匹配的案例。

一家科技公司的前产品经理石江因故离职，企业决定从产品部门的优秀员工中选拔出合适的人选。在最终选择候选人时，人力资源部负责人杨虹认为石江的意见非常重要，于是请他推荐合适的人选。石江认为，产品经理一职需要更强的管理能力，因此在候选人马力和李峰之间，他推荐管理能力更强的马力，而非专业技术能力更强的李峰。

由于不了解产品部门的具体工作情况，杨虹对石江的推荐十分看重，最终向领导推荐的人选是马力。结果当最终的任命决定公示后，产品部门的所有员工都觉得不公平：为什么专业技术能力强的李峰没有升职？

李峰本人也认为不公平，第二天就递交了辞呈，产品部门的很多骨干员工也因此纷纷离职。杨虹对此十分后悔，当她无意中翻到李峰和马力的 OKR 考核表时，她发现李峰上一阶段的考核结果要优于马力，而且李峰有向管理岗位发展的意愿。此时，她才意识到当初应该结合 OKR 考核结果来选拔人才，而不应盲目地听取石江的意见。

总的来说，OKR 考核结果在一定程度上反映了员工的能力水平和工作态度，为企业的岗位分配提供了客观的依据。但在实际操作过程中，岗位分配不仅要综合考虑员工的长期成就和短期成就，还要考虑员工的意愿和综合素养。

8.4　各成员 OKR 设计

产品部门中有各种各样的员工，如产品经理、用户研究人员、产品开发人员等。这些员工有不同的职能，负责不同的工作和任务。这意味着，他们的 OKR 应该有所区别。本节展现了产品部门主要职能岗位的 OKR 设计方案，希望给管理者和员工带来一定的启发。

8.4.1　产品经理 OKR

产品经理是产品部门的领导，他除了要明确产品部门的工作，引导员工朝着正确的方向努力，还要让决策层知道产品部门的情况，并向员工传达决策层的意见，起到承上启下的作用。在实施 OKR 的过程中，给产品经理制定 OKR 是很有必要且意义重大的。

第一，在 OKR 的引导下，产品经理可以提升产品与战略的匹配度，明确产品设计方向，防止花费了大量时间、人力、物力、财力设计出的产品得不到消费者认可。

第二，产品经理有一个非常重要的作用——激发员工的士气和积极性。产品经理有了自己的 OKR，就可以明确各员工的目标，员工的目标意识增强，工作效率能够进一步提升。

第三，正所谓"运筹帷幄之中，决胜千里之外"，通过 OKR，产品经理可以很清晰地描绘出产品地图，并进一步完善产品体系。

通过制定 OKR，产品经理可以将自己和下属的工作聚焦在少数关键任务上，从而提高产品在市场上的竞争力。产品经理的 OKR 需要遵循以下原则。

原则 1：OKR 要与企业的战略保持一致。

原则 2：OKR 要有明确的时间限制。

原则 3：OKR 要有明确的方向。

原则 4：OKR 要能实现并具有一定的挑战性。

表 8-2 是某企业产品经理的 OKR，供大家借鉴和参考。

表 8-2 某企业产品经理的 OKR

目标（O）	关键成果（KR）	KR 权重	O 权重	自评分（40%）	领导评分（60%）	最终得分
产品的日续费率增长××%	截至××季度结束，拜访××个用户，获取用户反馈					
	截至××月末，在移动客户端上进行××次活动，以促进用户续费					
	截至××月中旬，整理新入职员工的个人档案					
	截至××季度结束，筛选出高级用户并记录他们的行为					

目标（O）	关键成果（KR）	KR 权重	O 权重	自评分（40%）	领导评分（60%）	最终得分
与第三方合作推出新的产品	截至 ×× 月中旬，与合作伙伴开展产品相关内容培训					
	截至 ×× 月末，与产品供应商签署产品供应合同，制定产品战略					
	截至 ×× 月末，向开发人员、销售人员，以及产品工程师明确产品诉求					
	截至 ×× 月末，制订产品推广和整合计划，寻找大数据应用和服务团队并与其进行合作					
为 VIP 用户创建新的发布渠道	截至 ×× 月初，采访 ×× 名 VIP 用户					
	截至 ×× 月末，开发 ×× 个小程序					
	梳理产品主管对产品的要求，截至 ×× 月中旬，提交产品设计和开发关键内容					
	截至 ×× 月末，完成 VIP 订阅功能的设计，使高级用户订阅量提升 ××%					

8.4.2 用户研究人员 OKR

用户研究人员负责进行用户分析与调查，旨在帮助企业和产品经理深入了解用户的偏好和需求，从而进一步优化产品设计与生产。在工作中，用户研究人员需要收集并处理用户数据，明确用户在使用产品过程中遇到的问题和对产品的期待。

简而言之，用户研究人员研究的对象是用户，主要任务是解决与用户相关的各种问题，因此他们的 OKR 要以用户为基础制定。表 8-3 是某企业用户研究人员的 OKR。

表 8-3　某企业用户研究人员的 OKR

目标（O）	关键成果（KR）	KR权重	O权重	自评分（40%）	领导评分（60%）	最终得分
挖掘目标群体，绘制用户画像	截至××月末，与××位用户进行面谈					
	截至××月末，完成××次用户电话回访					
	截至××月中旬，对产品使用排名前 N 名的用户进行用户洞察，并获取相关数据					
	截至××月中旬，完成××份用户调查问卷，收集用户的数据					
	截至××季度结束，把用户面谈记录和用户调查问卷数据整理汇总为一份用户画像指南					
引进并使用新的用户数据迭代流程	截至××月中旬，与研发、产品、市场、运营等岗位的员工一起制订迭代计划					
	截至××季度结束，对新的用户数据迭代流程进行实测					
	截至××季度结束，向相关员工收集关于用户数据迭代流程的意见和建议					

8.4.3　产品开发人员 OKR

在产品部门中，产品开发是一个必不可少的核心岗位，也是企业持续发展与成长的重要保障之一。对于产品经理来说，产品开发人员犹如"左膀右臂"，他们不仅可以在老产品的基础上开发新一代产品，还可以从 0 到 1 地开发出有新功能和新用途的新产品。

另外，产品开发人员还可以帮助产品经理制订详细的产品开发计划，并根据用户研究人员提供的用户数据和用户画像开发更能吸引用户的产品。他们也会根据市场部门收集的市场情况和发展趋势，不断对产品进行优化与升级，从而进一步提升产品的竞争力。

表 8-4 是某企业产品开发人员的 OKR，供大家参考和借鉴。

表 8-4　某企业产品开发人员的 OKR

目标（O）	关键成果（KR）	KR 权重	O 权重	自评分（40%）	领导评分（60%）	最终得分
为企业将要上线的新产品设计主干部分的视觉交互	进行用户访谈					
	与产品经理及用户研究人员交流 3 次					
	完成 3 个产品初级原型并提交给产品经理					
对产品进行优化与升级	完成 2 个迭代产品的开发					
	整理出 3 篇产品功能的优化与升级日志					

09
第9章

设计部门 OKR：
由设计师掌握话语权

无论采取什么管理模式，最终都要回归到业务上。而 OKR 是一种适用于设计部门的管理模式，能够引导设计师明确工作目标，实现自身价值最大化。此外，OKR 能够让设计师在透明、公开的交流环境中汲取灵感，并通过及时、有效的沟通和反馈，实现满足客户需求和创新之间的平衡。

9.1 设计师存在的局限

设计师设计产品应该遵循着一定的步骤进行，即从设定目标、构思设计到实现目标、实施评价。在设计初期设定目标时，设计师必须考虑设计与文化、生活的必然联系，确保产品能满足用户的需求、更好地服务于用户。

9.1.1 设计师不清楚主方向，目标短视

设计师通常拥有独特的审美观念，他们认为设计一件优秀的作品比仅仅完成工作内容具有更深远的意义。很多设计师在力求满足用户需求，确保产品具有实用性的同时，也希望能够提升产品的审美价值。然而，多元化的追求往往会导致设计目标模糊，设计的主方向不明确，影响产品风格的统一性和一致性。

很多设计师与用户的沟通不到位，没有真正了解用户想要的是什么。一般的设计流程是：用户提出需求，产品经理进行整理归纳后反馈给设计师进行设计。这一过程中存在信息滞后的问题，要求设计师具备敏锐的市场洞察力和良好的应变能力，对用户的喜好有所了解，在设计时做好万全的准备以应对可能出现的问题。

在工作中，设计师可能会遇到用户要求返工、反复修改的情况。造成这些情况的原因大多是设计师未能在开始设计前就产品风格、尺寸等信息与用户进行详细的沟通，对于可能出现的问题没有制定预案。

设计师往往根据自己的主观意识、专业知识进行设计，无法真正换位思考、理解用户的需求和产品的使用场景。因此，对于用户提出的问题或建议，设计师需要深入地思考其背后的动机，如采用亮色系使得重要的标识更加醒目、调整图案形状使之更契合产品形象等。

大部分设计师都会以自己的认知为基础设计产品，因此，许多产品无法满足使用者的预期。设计应该以人为本，设计师需要清楚地知道自己设计出来的产品所针对的目标用户，根据目标用户的需求决定设计的走向。

只有设计师知道受众是谁、受众的需求是什么，设计出的产品才能满

足他们的需求。同时，设计师要对竞争对手的情况进行分析，以明确自己的定位，在竞争中取得优势。实际上，满足了目标用户的需求和喜好的设计，才能真正体现出设计师的价值。设计师可以在不断摸索中明确自己的发展方向，形成自己的风格。

9.1.2　设计师缺乏整体意识，只解决当下问题

在设计过程中，设计师的灵感和创意大多来自过去的经验或者所处的环境。这就需要设计师能够对事物进行多角度、多方面、立体的观察和分析，因此，对于设计师来说，整体意识是至关重要的。

设计是一项非常精细的工作。在设计前期，设计师需要花费大量的时间研究用户提出的设计风格，根据用户需求思考设计的思路；在设计中期，设计师要把设计理念、思路、创意转化为实际的产品；在设计后期，设计师要根据产品经理和用户的反馈对产品进行修改，这需要设计师投入大量的时间和精力。

设计一款产品，设计师不仅要理解其字面上的意义，更要全方位、多角度地进行整体思考，以把握产品的核心和精髓，才能设计出令用户满意的产品。但在实际的设计工作中，设计师没有足够的时间进行细致的观察和构思，也就难免会出现疏漏，难以激发出新的灵感。

设计师在设计时不仅要考虑产品的功能和审美性，还要考虑成本、市场、售后等因素。设计师在开始设计工作前就应该做好市场调研，计算预期的成本，和用户对接、交流，以了解用户的需求。

设计师设计出的新产品或许可以帮助用户解决一些问题，但也可能引发一些新的问题。例如，外卖软件的设计初衷是为了让人们方便快捷、随时随地获取食物，但也导致人们的生活方式不健康，并且引发很多食品安全问题；手工艺者追求薄利多销，导致商品的整体质量下降，并因此逐渐丧失了创造优质的手工作品的动力。

因此，设计师在设计新产品时，需要认真思考其会给用户的生活带来什么变化。虽然产品所带来的负面影响可能不会波及设计师，但正是因为抱有这种心理，所以设计师更容易忽视他们所创造的内容，更容易在冲动、冒险的心态下做出决策。

9.1.3　设计师主观能动性不强，创新思维受限

随着社会的发展，设计行业技术水平不断提升，但优秀的产品越来越少。这是设计师主观能动性下降、创新思维受限所导致的。创新是设计的灵魂，一款优秀的产品往往能够体现出设计师新颖的创意。

一名优秀的设计师需要储备各行各业的相关知识，具备较高的专业素养。创意并不是凭空出现的，灵光一闪是建立在丰富的知识积累和阅历的基础上的。设计师服务于各行各业，对接各种类型的用户，需要满足不同的需求。这就要求设计师要拥有一定深度和广度的知识，这样才能够在设计时灵感乍现。如果不了解用户的文化背景、不清楚涉猎的领域，设计师就很难设计出既符合用户要求又足够新颖的产品。

设计需要推陈出新，然而很多设计师局限于自己的思维定式，无法打破惯性思维的禁锢，不能灵活地运用创新思维创作出优秀的作品。创新思维是设计师能够设计出优秀作品的关键因素，设计师应该敢于怀疑、敢于创新，打破传统思维的束缚，顺应时代的发展，用新的眼光去看待事物的发展。

实际上，大部分的设计作品对于设计师和受众来说可能完全是两个概念。1000 个人眼中有 1000 个哈姆雷特，不同的人对作品的解读各不相同。当这种现象反作用于设计上，就会出现用户的需求导致设计师的作品变得庸俗化、缺乏创意。如果设计师无法在满足用户需求的前提下充分体现自己的设计理念，他就变成了单纯的绘图师，设计也就毫无创意可言。

部分设计师在设计产品时，为了节省时间快速满足用户的要求，往往会过度依赖素材，长此以往，创新能力严重下降。设计师应当正确看待素材，将其与自身的创意和技能相结合，使之成为辅助自己设计的有效工具。

设计是一种创造的过程，创新思维是设计的核心。设计师要努力走出模板和无创意的困境，通过对生活的感受、观察、想象和知识积累，提升自身的设计能力，在设计产品时获得更多灵感。

9.2 如何在设计团队内推进 OKR

想在设计团队内推进 OKR，首先要确保 OKR 能够和团队原有的文化、制度融合，员工能够把 OKR 的制定、追踪、复盘等环节与自己的工作融合。另外，管理者在制定 OKR 时，要充分了解企业目标，并将其逐级分解至团队目标、个人目标。这样能够使每个流程公开、透明，提升团队的工作效率和执行力。

9.2.1 结合企业的目标，确定设计团队的目标

企业的设计团队需要接收来自各个部门的五花八门的意见，面对众多不同的需求，他们会感到苦恼。设计团队经常会遇到这样的问题：反复修改产品设计方案但对方还是有意见，询问对方哪里需要修改，却得不到确切的答案。

设计师在很多时候会被其他部门当作边缘人。同时，由于设计部门在企业管理中的重要性不明朗、职责划分不准确，经常出现所有部门都给设计师提出要求却不重视他们的意见的情况。设计师期望设计能够成为核心业务，与各部门通力合作，共同交流讨论设计方向。

但现实中，大部分的设计师都是边缘人，因此设计团队需要思考自己如何做才能摆脱现在的困境。企业可以引进 OKR 管理制度，从两个方面入手去解决设计部门面临的问题。

1. 提升设计价值

OKR 目标管理方法是团队意识的结晶，而非领导强制安排的产物。团队中的每个人都参与了 OKR 从制定到实施的过程，因此他们对 OKR 高度认可，工作积极性得以提升。

在所有人都认可目标的大前提下，那些有能力、上进心强的员工能够产出更高质量的成果。同时，在实施 OKR 的过程中，设计团队中的每个人都会以主人翁意识开展工作，在遇到难题时会积极主动献计献策，而不是被动等待领导解决。

2. 对设计进行商业赋能

在互联网发展的初级阶段，用户数量增长是很多企业的追求，也是商

业变现、企业获得利润的基础。那时，企业通过发放红包、拼团等营销活动就可以获得大量新用户，获客渠道多样且有效。

但随着增量市场逐渐向存量市场转变，获取用户越来越困难。通过设计创新推出新产品成为吸引用户的重要手段，因此设计创新与推出新品成为设计部门的工作重点。

当下，互联网市场的流量与资源掌握在行业巨头的手中，流量越来越贵且难以获取。企业面临增长瓶颈时如何做、如何以最小成本换来最大增长等问题令管理者头疼。

面对市场环境的变化，设计团队需要重新审视设计工作，对以上问题进行多维度的思考，对设计进行商业赋能。

9.2.2 数据驱动下的设计洞察力和创新力

设计师设计产品时，会接触到如购买转化率、模型流失率、复购率等有关产品销售漏斗模型的数据。对于这些数据，设计师需要着重关注，并对这些数据进行分析，找到问题的关键以及具体的解决方案，通过小范围试错的方法验证方案的正确性，最终实现产品迭代。流程如图9-1所示。

分析销售漏斗　　提炼改进目标　　提出解决方案　　验证方案正确性

图9-1　设计师设计流程

合理地改进产品能够提高用户的使用体验，但设计师不能过分依赖用户数据、被动地讨好用户。例如，用户喜欢什么功能，设计师就增加什么功能，可能对企业收益产生负面影响，产品迭代反而造成利润降低。真正有价值的产品是以用户需求为中心，并围绕企业收益进行设计，力争打破用户与企业之间的壁垒，提升用户使用体验，使企业在口碑与收益上获得双赢。

以用户需求为中心设计产品，意味着设计团队需要从更高层面、更多维度思考产品还有哪些可改进之处，从而给用户带来更好的使用体验。设计团队思考的结果可以作为KR共享给其他部门，设计团队可以与其他部门共同商讨方案的可行性。

在大数据的驱动下，每一项数据都可以成为关键成果。通过制定OKR，设计师的设计洞察力与创新力都得到提升，从而由被动转变为主动，实现设计自由。

9.2.3 梳理设计流程，提升团队效率

设计团队往往需要与其他部门合作，以共同完成目标。OKR具有公开、透明的特点，因此设计部门能够通过其他部门的关键成果明确产品的设计风格与设计需求，了解自己的下一步工作重点，摆脱过往反复修改方案的困境。

由于管理水平有限、设计风格难以统一，因此很多中小型企业的设计部门存在需求不清、品质不精、效率不高等问题，导致企业发展遭遇瓶颈。OKR目标管理方法能够精简设计流程、规范评审制度、统一设计风格，确保员工在同一个目标的指引下完成关键成果。

设计部门需要在实施OKR之前进行集中培训，厘清业务逻辑，统一设计风格，学习如何将设计工作融入关键成果中，探讨如何与其他部门共同制定关键成果。这样能提高后续的工作效率，减少不必要的沟通成本。

9.2.4 将目标分解成可以执行的设计任务

在明确了当前的处境以及未来的目标后，设计团队就需要将目标分解为具体的关键成果和可执行的任务。

设计部门的目标往往很抽象，例如，设计部门本季度的目标为"确保企业整体设计风格适配市场"。究竟什么样的设计风格才能适配市场？设计师如何完成这个目标？只凭设计师自己，很难得出这些问题的答案。

当一位设计师想独自吃一个大"蛋糕"时，会发现"蛋糕"太大，无法一口"吃"掉。但如果将大"蛋糕"分成若干小块，那么所有人都可以分到一块"蛋糕"，吃"蛋糕"便不是一件难事。同理，设计部门的领导需要将一个大目标分解为若干个小目标，再将这些小目标分解为若干个关

键成果，最终分配到每个设计师身上。

将目标分解为可执行的任务，会使员工受到正向激励。因为这些目标是员工触手可及的，完成当前任务的满足感会为员工执行下一个任务带来充足动力。

在实施 OKR 的过程中，设计师需要以周为周期，对一周的工作进行回顾。此外，在实施 OKR 之前，设计师需要思考本周的 OKR 应如何实施、如果遇到阻碍应如何解决等问题，否则目标将成为摆设，设计师无法坚定地执行下去。如果将工作比作一段旅程，那么目标便是这段旅程的终点，设计师需要在旅程中不断确认自己与终点的距离，以确保方向没有偏差。

9.3　各成员 OKR 设计

对于企业而言，OKR 设计是确定企业发展方向的战略规划。设计团队需要根据员工配置、员工的能力和企业目标为每位员工分配任务。每位员工的能力和职责不同，能为企业做出的贡献也不同。因此，他们需要从企业目标出发，为自己量身定制个人 OKR。

9.3.1　设计主管 OKR

设计主管要负责明确所有产品的设计方向和总体规划，按照企业既定的产品开发计划，实现产品设计目标。同时，设计主管还要负责建设设计团队和培养优秀人才，保障设计团队的稳定性。设计主管的 OKR 可能来源于决策层的讨论、对组织战略的分析，需要考虑到企业业务的发展以及设计团队的成长。

作为设计团队的管理者，设计主管需要提升设计团队的工作效率、推动团队进步。因此，设计主管的 OKR 应反映团队整体的任务进度。另外，设计主管的 OKR 必须清晰且可量化，承载企业的使命和愿景，同时也要关注设计团队的能力提升。

表9-1是某企业设计主管的OKR，供大家借鉴和参考。

表9-1 某企业设计主管的OKR

目标（O）	关键成果（KR）	KR权重	O权重	自评分（40%）	领导评分（60%）	最终得分
截至××月末，组建一个有战斗力的设计团队	截至××月末，约谈××名设计师					
	截至××月末，聘请××名新设计师					
	截至××月末，为客户提供精简的产品设计流程					
保证设计风格与企业旗下产品的新功能配套	截至××月中旬，推出产品的整体互动模式库（人际、大众、网络传播系统）					
	100%确保产品的功能聚焦企业的战略目标					
	截至××月初，制定最新的产品设计原则					
	截至××月末，修改企业相关指南，以匹配新的产品					
截至××月末，制定一个新的目标来推动团队发展以及快速提升团队能力	截至××月末，组织××位明星设计师参加团建					
	截至××月中旬，与员工进行一对一沟通，讨论出有效的产品框架					
	截至××月末，有××%以上的团队成员加入产品研讨会					

9.3.2 首席架构师OKR

首席架构师的主要工作是负责设计产品的架构和技术路线，并对架构和技术路线进行测试。首席架构师的OKR要把产品放在首位，首席架构师要根据设计团队的整体目标来设计自己的目标，并时刻关注产品设计的过程和进度，以及时解决设计过程中出现的架构和技术问题。

表9-2是某企业首席架构师的OKR，供大家借鉴和参考。

表 9-2　某企业首席架构师的 OKR

目标（O）	关键成果（KR）	KR 权重	O 权重	自评分（40%）	领导评分（60%）	最终得分
保证产品横向深入扩展	对企业产品架构进行重构，使之达到 ×× 次／秒的动态活跃进程数，并在 ×× 季度结束时，达到 ×× 毫秒内响应 ××% 的请求					
	截至 ×× 月末，使当前服务器支出占企业总支出的 ××%					
	截至 ×× 月末，引入消息队列来扩展事件处理框架					
	截至 ×× 月末，用新工具替换原有的非关系型数据库					

9.3.3　软件工程师 OKR

软件工程师的 OKR 可以根据他们正在跟进的设计项目进行制定，具体可以从目标和内容两个方面入手。他们的 OKR 应聚焦个人职业发展规划和专业能力提升，而且实施周期要尽量与整个设计团队的 OKR 实施周期一致，目标也要和其他相关员工的目标对齐，环环相扣，避免出现冗余的任务，给设计团队增加不必要的工作量。表 9-3 是某企业软件工程师的 OKR。

表 9-3　某企业软件工程师的 OKR

目标（O）	关键成果（KR）	KR 权重	O 权重	自评分（40%）	领导评分（60%）	最终得分
对邮件发送体系进行重构	截至 ×× 月初，与质量保证和企业首席软件架构师面谈，统一重构计划					
对邮件发送体系进行重构	截至 ×× 月中旬，梳理企业邮件发送进程					
	通过修补漏洞，完成完整的文档传输和板块测试					

目标（O）	关键成果（KR）	KR权重	O权重	自评分（40%）	领导评分（60%）	最终得分
保持积极向上的状态，让工作更出色	截至 ×× 月末，参加 ×× 场软件工程师论坛					
	截至 ×× 季度结束，尝试自主设计一个初级应用程序					
	启动一个源代码公开项目					

10

第 10 章

市场部门 OKR：
营销与销售不脱节

　　营销与销售的区别在于，销售追求的是利润最大化，营销则是追求价值最大化。营销以创造力为中心，通过长远的目光来确定方向和目标，制订推广计划使产品的销量更高。销售作为营销的一部分，更关注产品销售目标的实现。市场部门实施 OKR，能够使营销的手段完美匹配销售的节奏，避免营销与销售在实战过程中脱节。

10.1 OKR 对于市场部门的价值

市场部门的负责人在管理团队时面临诸多问题，例如，如何向企业证明团队的价值、设定什么标准来衡量员工的业绩、怎样才能得到领导的认可并获得更多支持、如何团结员工共同完成具有挑战性的目标等。针对这些问题，OKR 能够提供解决方案。

OKR 的价值是将企业的战略目标以一种简单易懂的方式传达给员工，帮助他们了解企业的发展前景，明确自己能为企业发展做出什么贡献，使企业全体员工劲儿往一处使，朝着统一的目标前进。

10.1.1 聚焦共同目标，更了解业务

OKR 有两个重要的原则：公开、透明；在精不在多。这两个原则能够帮助员工明确并且聚焦工作重心，员工能够清楚地了解业务内容和目标。另外，信息公开透明，也让每位员工的目标都能实现共享，使员工之间能够对齐目标，减少不必要的内耗。

制定 OKR 的过程，其实就是组织内部充分沟通的过程。在这个过程中，不仅员工之间能够更加清楚地了解彼此的目标和需求，领导和员工之间的了解也会进一步加深。公开、透明的 OKR 既加强了员工之间的协同配合，又能省去重复、冗余的工作，为组织节省时间和金钱。

一些管理者认为，市场部门不了解业务。想要摆脱别人的这种偏见，市场部门的员工不仅需要多看产品资料、多和用户沟通，还需要将自己的目标与企业的目标对齐，站在企业的角度思考自己该做些什么。

OKR 的目标制定环节，能够促使市场部门的每位员工深入地思考"为了实现企业目标，当下我的工作重点是什么"。当市场部门员工的工作有了正确的着力点，才能够产生更大的价值。

10.1.2 定性衡量，科学计算产出

不同于销售部门对于完成目标有一个单一的衡量标准，即根据销售配额的完成情况来衡量，市场部门衡量目标是否完成需要依赖各种各样的指

标，如收入、客户满意度、毛利率等。从某种意义上来说，衡量标准众多就等同于没有衡量标准，不利于市场部门制定 OKR。

如果某个关键成果是促成最终目标达成的关键要素，那么市场部门就可以利用这个关键成果衡量目标是否完成，这样就能够很好地解决市场部门的业绩难以通过单一指标来衡量的问题。

有些事情是无法衡量的，即使是可以衡量的事情，也可能很难明确衡量标准。因此，市场部门在设定目标时，应该关注定性目标，而不是定量指标。

产出描述的是生产经营活动的结果，有时无法被衡量。在实施 OKR 的过程中，产出是为了实现目标所采取的行动。产出对实现目标很重要，但并不是衡量目标是否实现的唯一标准，那些能带来商业价值的可衡量的结果才更值得关注。

10.1.3　探索新机遇，适应复杂的营销环境

随着营销环境的变化，市场部门在面对新技术、新渠道和新玩法时，往往会因受到以往经验、固有思维的限制而不愿意做出新的尝试，导致错过一些发展机会。

例如，一家企业的老板十分重视信息化建设，在信息化普及之前就组建了 IT 团队，研发出自己的信息系统。但是这一做法受到了股东的质疑。

随着企业规模逐渐扩大、业务范围逐渐拓展，信息系统的作用开始显现。比如，管理层能够实时查看门店业绩，甚至追溯业务细节，缩短决策周期。

一些企业管理者在机遇来临时犹豫不决，或者在探索过程中一遇到困难就选择放弃。等到企业不得不转型时，才发现从管理理念到团队实力再到基础设施，都和那些早就看准时机及时转型的企业差得很远。

OKR 可以为市场部门和管理者搭建一个沟通平台，在新机会出现时，市场部门和管理者可以及时进行沟通讨论，达成一致的看法，并将其作为能给企业带来长期价值的目标之一。

10.1.4 提升协作效率，形成内驱型创新文化

在传统的管理方式下，无论是不同的部门还是同一部门，每位员工的目标和工作进展对于其他人来说都是未知的。因此，员工之间存在隔阂，沟通不畅，从而导致协同效率低下。

OKR 公开、透明的特性，使不同团队及团队内部的员工之间能够彼此了解，员工甚至可以清楚地知道领导的 OKR 是什么。只有目标和工作进度都清晰、透明，协作效率才能提升。

实施 OKR 是一项体系化的工作，仅凭市场部门的负责人是难以完成的。这既需要高层的认可，也需要 HR 的支持。简言之，市场部门的工作需要各个部门的协同配合，而 OKR 有效提升了协同效率。

一个团队如果想长远发展并保持兴旺，就要拥有突破极限、勇攀高峰的信心。OKR 鼓励团队和个人挑战极限、超越自己，也允许在这一过程中失败。只有员工获得成就感并被他人认可，潜力才能够最大化地被激发出来，从而实现自我驱动。

OKR 倡导自下而上的创新、鼓励员工而不是打压的理念，成为驱动团队不断向前的动因，而且有利于成功地孕育出学习型组织。OKR 鼓励员工迎接挑战，而不仅是完成当前的目标。管理者在实际执行中不能过于强调追责或对员工进行打压，否则员工不会有信心去挑战更高的目标。

10.1.5 客观体现部门价值，获得老板的支持

OKR 为员工提供了一个高效沟通的平台，为企业管理以及形成优良的组织文化提供了一套十分科学的方法论，同时也是打造高绩效文化的有效工具。毋庸置疑，这套方法论能为企业带来长远价值，提升企业的绩效能力。

一个完整的部门级 OKR 包括目标、关键成果以及关键任务等。目标和评价指标是分离的，也就是由目标来把控方向，通过关键成果来衡量目标的达成。制定 OKR 需要全员参与，而不是自上而下地下达命令。在制定 OKR 时，管理者可以组织一场头脑风暴会。

员工通过头脑风暴会参与制定 OKR，能更加清楚地了解到共同的目

标和企业的愿景，会主动思考为了实现目标自己应该做些什么，而不是被动地执行上级的命令。这样员工的工作积极性和主动性更强，能够站在集体的角度看待目标，并为实现目标不断努力，贡献自己的价值。

在实施OKR的过程中，管理者需要通过召开周会、季度会议、复盘会议对目标的完成情况进行追踪、总结、反思和调整，这对于达成目标至关重要。在这一过程中所得到的关于达成目标的全部反馈，包括正面的和负面的，对企业和个人都非常有价值，能够为后续OKR的制定和实施提供参考。

10.2　市场部门OKR操作指南

在进行OKR实操时，为保证成效，市场部门一定要制定科学的目标和关键成果，逐步推进方案。有效的OKR能够让员工清楚地知道自己的目标是什么，以及如何做才能达成目标。产品的推广和销售都离不开市场部门，市场部门的工作质量直接关系到企业的效益。那么，市场部门应该如何更合理地制定OKR以促进业绩达成？本节就来解决这个问题。

10.2.1　设定目标，明确营销方向

制定OKR是一项重要的管理工作，可以帮助市场总监更好地管理团队，实现管理目标。在设定市场部门的目标时，市场总监需要注意以下3个方面。

第一，市场部门的战略目标需要与企业整体的战略目标保持一致，同时要兼顾市场情况、竞争趋势等。例如，市场部门可以根据企业总目标设定提高市场份额、提升品牌知名度等目标。

第二，目标能够帮助市场部门明确未来前进的方向。目标需要是明确的，同时要能够鼓舞人心，激发员工工作积极性。这意味着，市场总监需要设定具有一定挑战性的部门目标。

例如，某企业市场部基于提高知名度、扩大影响力的企业总目标，当前市场占有率约为5%的现状，以及对企业发展潜力的预估，制定了到年末市场占有率达到10%的目标。这一目标既具有挑战性，又有实现的

可能，可以极大地激发员工工作的积极性。

第三，市场部门岗位众多，市场总监需要为各岗位制定不同的目标，让员工在科学目标的指引下创造更大价值。

例如，市场总监的目标是"通过创新和数字化赋能，提升品牌知名度""巩固品牌的市场领导地位"等；线上营销经理的目标是"优化品牌网站，提高转化率""优化付费搜索广告"等；产品营销经理的目标是"推出新一代2.0版本产品""提高沟通频率和沟通质量"等。

10.2.2　拆解营销目标，制定关键成果

在确定营销目标后，市场总监可以结合企业的实际情况制定量化、细化、流程化的关键成果，并将部门目标量化、逐层分解至员工个人。

在这个过程中，市场总监需要与员工进行充分讨论，并倾听一线员工的建议和反馈，从而和员工就目标达成共识，否则有可能出现阳奉阴违的情况。

需要注意的是，关键成果的数量一般不超过4个。下面以市场部门不同岗位的OKR为例进行具体讲述。

1. 市场总监

目标1：通过创新和数字化赋能，提升品牌知名度。

关键成果1：截至第三季度末，打造品牌行业领导力，使产品覆盖30家大客户。

关键成果2：截至第三季度末，建立并完善市场部门的数字化营销系统，使其覆盖30%的客户。

关键成果3：截至第三季度末，完善企业客户服务体系，每月开展一次客户分享活动。

目标2：巩固品牌的市场领导地位。

关键成果1：截至第三季度末，建立完善的通信日历，明确社交内容、新闻活动发布的时间点。

关键成果2：截至第三季度末，设置3名分析员，统一处理用户反馈。

关键成果3：截至第三季度末，实现20次媒体曝光和10次路演。

2. 线上营销经理

目标1：优化品牌网站，提高转化率。

关键成果1：网站访客每月增长达到5%。

关键成果2：截至第三季度末，线上转化率提高8%。

目标2：优化付费搜索广告。

关键成果1：从付费搜索广告中筛选出500条合格的营销线索。

关键成果2：确保每条线索获客成本低于15元。

关键成果3：确保广告点击率不低于3%。

3. 产品营销经理

目标1：推出新一代2.0版本产品。

关键成果1：完成2.0版本产品全部内容的更新。

关键成果2：发布产品技术说明书。

关键成果3：对关键客户、合作伙伴、经销商等进行必要的产品培训。

目标2：提高沟通频率和沟通质量。

关键成果1：每月发布一次产品迭代信息，直至2.0版本产品全部内容更新完毕。

关键成果2：收集10家关键客户的需求，为产品的进一步完善提供依据。

关键成果3：为灰度用户建立完善的反馈过程。

10.2.3 统计目标进展，调整任务优先级

OKR落地的过程可能会出现一些问题：信息不透明，员工之间不了解彼此OKR的进展；OKR执行过程混乱，各任务间条理不清晰。存在以上问题，表明市场总监没有做好OKR追踪工作。

在明确OKR的目标与关键成果后，市场总监需要对OKR的实施情况进行长期追踪，统计不同阶段OKR实施的进展，并根据实际情况适当调整任务优先级。

具体来说，市场总监可以通过召开周会的方式，追踪OKR进度。在周会上，市场总监需要结合OKR进度明确本周的工作计划。需要注意的

是，工作计划的内容并不是简单地罗列各项任务，而是要体现出不同任务的重要程度和优先级。

市场总监可以把本周的各项工作内容分为 P1 和 P2 两个等级。其中，P1 为本周必须做的工作内容，如果这些内容没有在本周内完成，则意味着本周工作进度没有达到预期。P2 为重要程度和优先程度低于 P1 的工作内容。这些工作内容往往难以在本周内完成，如果这些工作内容在本周内完成，就意味着本周的工作进度超出了预期。

通常来说，在安排每周工作内容时，上一周的 P2 工作内容往往会成为本周的 P1 工作内容，但这并不绝对。如果出现紧急、重要的工作内容，可能会有此前并不在工作计划中的工作内容成为本周需要完成的 P1 工作内容，也会有一些 P2 工作内容会持续几周都处于 P2 等级。总之，市场总监需要根据每周的实际工作需要，调整不同工作任务的优先级，合理安排工作。

除了制订工作计划、调整任务优先级外，市场总监还可以在周会上进行 OKR 进度汇总和进度分享，保证 OKR 进度、OKR 信息的透明，以促进团队内协作。同时，在周会上，员工可以自由分享完成 OKR 过程中的收获、经验等，共同探讨应对风险问题的办法。

除了召开周会外，每个季度末，市场总监都可以进行一次 OKR 复盘。在季度复盘中，市场总监可以回顾 OKR 的落实情况，审视 OKR 的实施效果，并总结 OKR 实施过程中的得与失，为下一次的 OKR 实施积累经验。季度复盘可以起到承上启下的作用，总结前一次 OKR 实施的经验，为启动下一季度的 OKR 奠定基础。

10.2.4　目标自评，评估成果完成度

目标自评更多的是一种参考，而不是最终得分。员工与领导对一件事的判断会受主观因素与客观因素的影响，并且员工的想法和判断通常情况下会比客观情况更为乐观。在实施 OKR 的过程中，员工的目标自评还会受很多未知因素的影响。

关键成果的自评分数与完成度、完成质量都有关系，但哪方面的权重

更高，员工个人无法做出判断。例如，某员工的关键成果为"企业的热销商品市场占有率达到 60%"。但在实际操作中，商品的市场占有率从 30% 提高到 50% 的难度和从 50% 提高到 60% 的难度截然不同。关键成果的完成情况不能作为评估员工工作成果的唯一依据，管理者还需要充分考虑关键成果的完成难度。

自评具有主观性，例如，有些员工对自己要求很严格，认为关键成果的完成情况不理想，自评的分数较低；有些员工对自己要求较为宽松，认为关键成果的完成情况很好，自评的分数较高。为了使自评结果客观、公正，管理者需要认真审核、检查员工的自评分数，对于不合理之处提出疑问，以真正实现 OKR 管理公平、公正。

OKR 作为一种目标管理方式，通常用于评估员工过去一段时间的工作状态以及对团队的贡献，不与绩效考核挂钩。因此，相较于评估结果，管理者与员工之间的讨论与员工的反馈更加重要，能够为下一阶段工作的顺利开展提供参考。

10.3　各成员 OKR 设计

OKR 能够帮助团队管理者根据人员配置和企业的总目标确定工作的优先级，能够帮助员工将精力聚焦在重要问题上，明确自己应该做的事情。

10.3.1　市场总监 OKR

市场总监的职能有很多种。比如，作为规划者，他们需要参与制定企业的品牌战略和市场策略，为企业的产品推广做规划；作为分析者，他们需要时刻保持头脑清醒和市场敏感度，对目标市场动态、行业变化以及竞争对手进行分析，使品牌在市场上始终占据有利地位。

市场总监的 OKR 上承企业愿景，下接市场部门发展。在企业的总目标确定后，市场总监就可以根据这一目标设定自己的 OKR。表 10-1 是某企业市场总监的 OKR。

表 10-1　某企业市场总监的 OKR

目标（O）	关键成果（KR）	KR权重	O权重	自评分（40%）	领导评分（60%）	最终得分
保证市场部门本季度的目标达成	对 10 位目标用户进行采访					
	获得 100 位新用户					
	与销售经理召开 3 次会议，确保目标的一致性					
巩固品牌行业领导者的地位	保证产品最新版本的上线与交付					
	安排工作日程，确定产品新闻发布会时间					
	开展 10 次平台推广活动					

10.3.2　公关人员 OKR

公关人员的职责在于为企业拓展市场，帮助企业维护市场关系，收集相关信息等。在开发新用户的同时，公关人员也要与老用户维系好关系。在制定 OKR 时，公关人员要从企业和团队的目标出发，考虑品牌在市场上的地位，清楚自己能为品牌推广和宣传做些什么，从而确保公关策略与业务目标紧密相连，为品牌创造更大的商业价值。

表 10-2 是某企业公关人员的 OKR，供大家借鉴和参考。

表 10-2　某企业公关人员的 OKR

目标（O）	关键成果（KR）	KR权重	O权重	自评分（40%）	领导评分（60%）	最终得分
提高品牌知名度	两周内制订出提升品牌知名度的方案					
	至少开展 5 次线下沙龙或快闪店活动					
	在季度结束前与传统媒体或自媒体开展 50 次合作					
	制定一份危机预案，包括但不限于线下活动、推广合作等					

续表

目标（O）	关键成果（KR）	KR权重	O权重	自评分（40%）	领导评分（60%）	最终得分
产出数据报告	在第一季度内分阶段完成两份产品分析报告					
	认识两名以上行业分析师					
	和分析师沟通确定新产品的发布计划					

10.3.3　营销人员OKR

营销人员的主要任务是根据市场调研结果策划多种多样的营销活动，制订科学、合理的营销计划，采取有效的营销手段促进产品销售，并提高产品的知名度和美誉度。在明确上级的OKR后，营销人员需要思考自己的OKR应如何制定、自己能做些什么。营销人员的目标需要能够支撑起上级的关键成果，并按照任务分配情况设定自己的关键成果。

表10-3是某企业营销人员的OKR，供大家借鉴和参考。

表10-3　某企业营销人员的OKR

目标（O）	关键成果（KR）	KR权重	O权重	自评分（40%）	领导评分（60%）	最终得分
突破当前收入目标	至少开展5个有针对性的获客活动					
	在季度结束前实现3000万元的销售业绩					
	在季度结束前，获得500条合格的营销线索					
提升品牌竞争力，保证品牌活跃度	在季度结束前，开辟5个线上品牌宣传渠道					
	在季度结束前，至少与1个新的品牌推广机构达成合作					
	在季度结束前，至少获得15次媒体报道和10个演讲机会					

10.3.4　用户推广专员OKR

用户推广专员负责线上与线下推广活动方案的策划工作。他们通常能独立组织和开展推广活动，并配合同事完成其他工作。他们的工作重点是挖掘营销线索，向用户推广企业的产品，与用户建立良好、紧密的关系，从而进一步提升品牌知名度，促使企业销量增长。因此，他们的 OKR 往往和营销线索、用户关系等息息相关。

表 10-4 是某企业用户推广专员的 OKR，供大家参考和借鉴。

表 10-4 某企业用户推广专员的 OKR

目标（O）	关键成果（KR）	KR权重	O权重	自评分（40%）	领导评分（60%）	最终得分
本季度获得4000 条营销线索	推出 3 个线上活动，获得 1000 条营销线索					
	通过邮件获得 1000 条营销线索					
	通过网站 SEO 优化获得 1000 条营销线索					
	组织 10 次用户聚会，获得 1000 条营销线索					
本季度实现团队与用户、用户与用户之间更好的交流	发布合作信息和产品迭代信息					
	举办 3 次 VIP 用户交流会					
	优化用户反馈渠道及流程					

11

第 11 章

销售部门 OKR：
高效达成业绩目标

销售部门是企业效益最直接的贡献者，当企业的产品线逐渐丰富时，销售部门内部分工就需要更加精细、明确，以有效地提高工作效率。在销售部门实施OKR，对好的销售行为和优秀的销售人员进行鼓励，能够提升销售人员的工作积极性和主动性，进一步改善产品的销售情况，提高销售业绩。

11.1 销售部门用 KPI 好还是 OKR 好

从定义来看，KPI 和 OKR 达成目标的路径有所不同。OKR 是将大目标分解成若干个小目标，通过实现一个个小目标最终达成大目标，是自下而上的。而 KPI 是将目标分解成若干个具体的指标，自上而下地向员工指派任务。

简单来说，OKR 就是"我要做什么"，而 KPI 则是"要我做什么"。销售部门可以结合使用 KPI 和 OKR，例如，用 OKR 检视员工的日常工作，用 KPI 考核员工的工作结果。

11.1.1 OKR 检视员工的日常工作

在实施 OKR 的过程中，上下级之间需要及时沟通：下级要及时向上级汇报工作，以获得支持与帮助，上级要对下级的 OKR 实施情况进行监督。一些长期的项目必须以周、月度为里程碑节点，方便管理者随时检视员工的工作情况，了解员工 OKR 完成进度。

OKR 的关键成果是任务型的，多以文字进行描述，能够明确任务，告诉员工应该干什么，体现出经营管理的感性。例如，构建企业电子商务平台、组织管理层进行公开竞聘等。

OKR 是一项任务，并没有确切的数字指标，所有的决定都是靠上下级沟通、商议来确定。OKR 的目标也是自下而上商讨确定的，不与绩效挂钩，这使得员工有了更多的自主性和主动性，敢于挑战具有突破性的目标。

11.1.2 KPI 考核员工的工作结果

KPI 的数量一般不超过 4 个，这些指标都是经过精心挑选的，应长期保持不变，且每个月都要考核。KPI 的类型较少，例如，总额控制型（利润总额、收入总额等），讲究人均或单位控制型（库存周转率、资产负债率等）。

KPI 以结果为导向，上级向下级传达数据指标，只有冰冷的数字，没有很强的亲和力。至于如何达成目标，各部门以及员工需要自己思考决定，完成的结果也因人而异。因此，KPI是一种"放养型"的绩效管理方法，虽然目标明确，但实现的途径由员工自己决定。

KPI一般是由上级制定并下达的，员工没有机会就指标的类型和具体的数值与上级进行沟通和博弈，实现指标的方法也不会得到上级的点拨和指导。这实际上就是变相的任务摊派，只要求达到目标，不在意完成目标的过程。

KPI考核比较适合销售部门，它通常有3个关键要素：目标、指标和绩效。其中，目标是最重要的要素，也是管理者看重的要素。目标是KPI考核的前提，也是指标和绩效的基础。有了明确的目标，销售部门才能高效地进行KPI考核。

通常考核结果与价值分配的联系程度越紧密，KPI考核能够发挥的作用越大。因此，销售部门在进行KPI考核时，可以将考核结果与价值分配挂钩。

11.2　如何用OKR提升业绩

想要提高业绩水平，销售人员需要做很多工作，但这样会导致销售人员的精力分散，一些工作的效率和质量不高。在实际销售中，大部分销售人员都是有计划地完成销售任务。销售人员会将季度OKR、月度OKR逐层分解得到自己的OKR，然后明确工作的优先级以及一段时间内自己的目标和关键成果。

11.2.1　制订关键成果，量化团队/个人目标

销售总监需要从销售业绩、市场占有率、客户数量等方面出发，制定具有一定挑战性的目标，为员工制定目标提供参考。销售部门的目标一定不能太低，否则员工轻松完成后会懈怠；但目标也不能太高，否则员工会一致认为这个目标肯定完不成，导致目标形同虚设。销售总监需要审慎考量，制定的目标要合理、能起到激励作用，避免流于形式。

在明确目标后，销售总监便可根据企业的实际情况，制定具体的、足

够细化且有可操作性的关键成果，然后将团队的目标量化、分解到每一位员工。下面是某企业一名销售人员的 OKR。

目标：超过预定销售业绩不低于 20%。

关键成果 1：全年预定销售额 1000 万元。

关键成果 2：新增客户不低于 200 名。

关键成果 3：每个季度至少完成 400 万元的业绩。

需要注意的是，销售总监在将目标分解至员工时，需要表明该目标什么时候完成、关键成果有哪些等，并清晰地划分权责、将目标量化，以充分地调动员工的主观能动性。

11.2.2 追踪关键成果执行，把控业绩进展

制定 OKR 后，销售总监需要追踪员工的销售过程，及时发现不足之处并帮助员工改进，这样才能更好、更快地达成销售目标。

OKR 支持关联项目、任务、线索、客户等数据。销售人员可直接在目标中关联线索、客户、商机、合同、外勤等内容，将关键成果的执行具化到每一个任务、项目、客户上。

在 OKR 实施过程中，销售总监追踪关键成果执行、把控业绩进展至关重要，这关乎整个销售团队的业绩达成和团队目标顺利实现。

首先，销售总监需要建立有效的追踪机制。这包括定期查看销售数据、项目进度报告以及员工工作汇报等，以便及时了解关键成果的执行情况。同时，销售总监可以利用销售管理系统等工具，自动化地记录销售人员的活动、销售机会的进展以及实际销售额等信息，以便更全面地掌握业绩进展。

销售总监还需要密切关注业绩的发展趋势和变化。如果发现某个关键成果的执行情况不佳，或者业绩出现下滑趋势，销售总监需要及时采取措施进行调整和改进。这包括重新分配资源、调整销售策略等，以确保团队能够顺利达成目标。

OKR 提供目标进度、评分等可视化数据，销售总监可以在目标清单中查看所有目标的信息以及实施进度，了解各个目标的完成情况，及时关注进度落后的目标，适时为状态不佳的员工提供辅导，确保团队目标顺利

达成。

11.2.3 根据目标自评结果调整后续目标

当一个阶段的 OKR 实施结束时，每位销售人员都需要对目标完成情况进行自评。OKR 的分值在 0 到 1 之间，0 代表目标毫无进展，1 则代表目标达成。通常情况下，0.5、0.6 是理想的分数。销售总监需要约谈 OKR 分数不理想或太理想的员工，与员工共同分析原因所在，帮助员工设定更高目标或梳理难点，商讨改进的具体措施。

OKR 的完成情况易受员工主观因素的影响。如果员工的 OKR 评分很高，那么可能有两种情况：一种情况是员工的目标设置得太低，另一种情况是员工的能力的确很强。如果员工的 OKR 评分不甚理想，也有两种情况：一种情况是员工制定的目标难度过高，另一种情况是员工工作状态出现问题。

企业管理者需要客观、理性地看待 OKR，关注员工向目标努力前进的过程，而非以结果来衡量员工的能力，甚至将结果作为奖罚的依据。OKR 一旦与员工绩效考核挂钩，便会削弱员工的积极性，员工会过于追求结果而忽略过程。

11.3 各成员 OKR 设计

有效的 OKR 可以使员工的目标与企业的目标保持一致，使员工清楚接下来应该做什么。销售部门是企业的重要组成部分，面临着巨大的业绩压力。如何为销售部门中各岗位员工设定目标和关键成果，才能使他们一直保持积极性呢？本节就来解决这个问题。

11.3.1 销售总监 OKR

销售总监的职责是管理整个销售部门，既是决策者，也是执行者。销售总监往往对企业的发展战略和品牌规划有着独到的见解，对上级要及时和领导沟通，以获得更多的支持和帮助，对下级要能够获得部门员工的理解并能引导员工为实现目标而努力。

销售总监的 OKR 要基于企业的总销售目标制定，还要具有以下特性：

（1）要有挑战性，但也要有实现的可能；

（2）要明确，保证在周期内可执行；

（3）是定性的且有强大的激励性。

表 11-1 是某企业销售总监的 OKR。

表 11-1　某企业销售总监的 OKR

目标（O）	关键成果（KR）	KR权重	O权重	自评分（40%）	领导评分（60%）	最终得分
完成企业的销售目标	截至 ×× 月末，保证完成 ×× 万元的销售目标					
	每个销售经理完成或超额完成 ×× 万元的销售目标					
	确保至少 ××% 的员工完成业绩					
	确保 ××% 以上的销售业绩来自预售和套餐销售					
	截至 ×× 季度结束，参加 ×× 次销售讨论会及活动					

11.3.2　销售经理 OKR

销售经理的职责是对销售人员的实际销售行为和过程进行指导，分析销售数据，协调销售工作，为员工制订培训计划等。一般来说，销售经理都具有较强的组织沟通能力和管理能力，有的销售经理还掌握高超的商务谈判技巧。

销售经理可以从销售团队规划、销售计划、销售漏斗、客户数量、产品市场等维度入手，设定具有挑战性的目标和关键成果。这些目标和关键成果包括但不限于打造什么样的销售团队、需要什么样的销售人才、制订什么样的销售计划等。

销售经理的 OKR 应具象化，清晰地划分权责，让员工都能聚焦核心任务，充分发挥员工的主观能动性。表 11-2 是某企业销售经理的 OKR。

表 11-2　某企业销售经理的 OKR

目标（O）	关键成果（KR）	KR 权重	O 权重	自评分（40%）	领导评分（60%）	最终得分
打造更高效的销售团队	截至 ×× 月末，正式实行销售激励计划					
	截至 ×× 月末，雇用 ×× 名销售主管					
	截至 ×× 月末，根据最新的业务板块，划分 ×× 个销售分区					
	截至 ×× 月末，确保销售认证程序完善					
	截至 ×× 月末，制定新的销售人员招聘规则					
拓展新的销售领域	招聘 ×× 名客户经理					
	截至 ×× 月末，获取 ×× 条新销售线索					
	与市场部门主管一起制定下个季度的 OKR					
	在企业内部分享销售成功案例					
在第 ×× 季度制订新的销售计划	截至第 ×× 季度末，获取 ×× 万元的销售订单					
	截至第 ×× 季度末，通过新的销售机会获取 ×× 万元订单					
	第 ×× 个月完成 ××% 的销售目标					

11.3.3　销售代表 OKR

销售代表就是代表企业进行产品销售的销售人员，直接对接大量客户。销售代表既要与老客户保持密切的联系，又要不断开发新客户，是企业销量不断增长的关键。

在实施 OKR 的过程中，销售代表要针对不同的受众群体，制订出有针对性的销售计划。同时，销售代表要时刻关注潜在的新客户，帮助企业挖掘新的销售渠道。销售代表应积极在销售部门内部以及不同企业之间就销售方法和技巧与他人进行交流和学习。表 11-3 是某企业销售代表的 OKR。

表 11-3　某企业销售代表的 OKR

目标（O）	关键成果（KR）	KR 权重	O 权重	自评分（40%）	领导评分（60%）	最终得分
提升客户满意度和转化率	截至 ×× 月中旬，客户满意度调查得分提高至 85 分以上					
	每隔 ×× 天，给 ×× 名客户发送消息					
	潜在客户转化为实际购买客户的比例提高至 30% 以上					
	每周完成 ×× 条销售线索的追踪、巩固					
与第 ×× 季度的销售配额相比，本季度要增长 ××%	截至 ×× 月末，为每个级别的用户制定合适的产品选购清单					
	截至 ×× 月末，完成 ×× 张数据报表制作					
	截至 ×× 月初，到 ×× 家行业领军企业进行学习					
	截至 ×× 月末，获得 ×× 万元的新客户订单					

12

第 12 章

客服部门 OKR:
以客户满意为核心

从某种程度上来说,客服人员是一家企业的"门面"。客服人员的服务质量会对产品的使用体验和用户评价产生影响。对于企业来说,提高客服人员服务质量,打造完善的客户服务体系是非常重要的。OKR能够帮助客服部门明确任务优先级,使员工更加清楚对于企业来说什么是最重要的,以将精力集中在影响企业正常运转的变量上。

12.1 OKR 提升客服响应效率

客服人员响应速度慢的原因可能是工作懈怠、打字速度慢等，从而无法及时接待客户，影响了企业整体的服务水平和口碑。为客服部门制定OKR，能够有效提高客服响应效率和客户满意度，使企业获得好口碑。

12.1.1 不要忽视客户支持率的价值

在客服部门实行 OKR 管理的初始阶段，管理者首先需要设定客户支持率，以此为标准衡量员工的工作是否合格，并将提高客服团队竞争力、提高客户忠诚度等具有挑战性的目标具体分解到每一季度。

目前，市场上的产品同质化严重、技术壁垒低、创新窗口期短，客户无法通过简单的识别区分同类产品孰优孰劣，也很难分辨两家品牌不同但产品相同的企业有哪些差异，导致很多企业只能盲目打价格战，增加无谓的行业内耗。

企业之间的竞争归根结底是品牌认知度和认可度的竞争，谁先在消费者心中树立了良好的品牌形象，谁就能获得消费者的支持。当产品出现问题时，客服人员的服务质量和解决措施是客户最关心的。客服人员及时响应客户的问题，提出令客户满意的解决办法，客户的负面情绪就会得到疏解，甚至会因为客服人员提供的优质的售后服务而成为品牌的忠实拥护者。

总而言之，尊重、理解客户，为客户提供超出其期望的产品与服务，是客服部门的员工达成并践行的共识。客服部门的所有员工都需要在这个大前提下开展工作。因此，在设定目标时，管理者需要与部门内的所有员工进行充分沟通，反复强调目标的重要性，确保所有员工理解并落实到实际行动中。

12.1.2 指导员工高效执行目标

客服部门管理者设定目标后，就需要进一步设定量化、细化、流程化的关键成果。下面是某企业一位客服人员的 OKR。

目标：提高客户满意度。

关键成果 1：接通率超过 98%。

关键成果 2：问题解决率超过 90%。

关键成果 3：客户反馈评分超过 80 分。

关键成果 4：为客户提供 24 小时服务。

只有明确目标与执行的关键点，客服人员才能清楚努力的方向，更好地为客户服务。各个关键成果的权重是管理者需要着重思考的问题，其代表着哪项工作更紧急、更重要，需要员工重点关注、优先进行。

12.1.3　梳理客服的工作内容，及时查看进度

在设定目标和关键成果后，客服部门的管理者还需要统筹客服部门的日常工作，明确团队分工，并对员工的工作过程进行追溯，确保不偏离正确的方向。

而客服人员需要及时收集客户问题表单、满意度调研表单等数据并向上级汇报；跟进客户问题处理进度，并在团队内部共享处理进度，提高执行力。

在实施 OKR 的过程中，管理者可以定期查看员工的 OKR 进度，以了解员工的工作是否围绕目标开展。如果有个别员工的 OKR 完成情况不理想，管理者需要私下询问原因，帮助其解决问题。

如果多名员工的关键成果出现重叠，则意味着遇到棘手的客户。此时，客服部门需要优先解决个别棘手客户的问题，以确保 OKR 的实施进度不受影响。

12.1.4　总结工作经验，激励员工主动工作

在 OKR 阶段总结中，客服部门管理者需要总结经验、教训，以此为依据制定、实施下一阶段的 OKR，进一步提高工作效率。例如，客服部门的管理者发现所有员工都没能完成"客户接听率达到 90%"这一目标，就需要思考是否因为该目标过高而导致员工没能完成，从而做出相应的调整。

此外，管理者还可以设立奖项激发员工的工作积极性，如最高问题解

决率奖项、接听最多奖项、满意度最高奖项等。管理者可以将这些奖项颁给相应的员工，激发员工的工作积极性和责任感，提高客服团队的凝聚力与执行力。

12.2　各成员 OKR 设计

客服人员是企业形象对外展示的窗口，以客户满意为核心为客户提供服务，客服部门在企业中举足轻重。通过制定 OKR，客服部门的员工可以充分了解企业的目标和愿景，为实现 OKR 而付出努力、做出贡献，推动客服部门成长和进步。

12.2.1　客服部门负责人 OKR

客服部门负责人的 OKR 会对企业的发展产生很大的影响，能够为企业带来巨大的价值。客服部门负责人的目标要和企业的目标一致，还要有利于提升客服人员的工作能力和沟通能力，帮助他们从根本上了解如何更好地完成工作。

客服部门负责人的 OKR 既可以有效地提升客服部门的工作效率，又可以提升客服人员在工作中的主动性和积极性。

表 12-1 是某企业客服部门负责人的 OKR，供大家借鉴和参考。

表 12-1　某企业客服部门负责人的 OKR

目标（O）	关键成果（KR）	KR 权重	O 权重	自评分（40%）	领导评分（60%）	最终得分
打造行业领先的客服团队	截至 ×× 月末，服务等级协议实现进度超过 90%					
	截至 ×× 月末，将用户净推荐值的得分从 ×× 提高到 ××					
	截至 ×× 月末，选出 ×× 名客服专员升职为客服经理					

12.2.2　客服经理 OKR

客服经理负责完善客户服务体系，提升客服部门的综合服务能力，高效地解决客户的问题，给客户带来优质的体验。

客服经理制定 OKR 要以得到较高的客户满意度为核心，只有对客服人员的服务满意，客户才会对企业有一个好印象，选择再次与企业合作的可能性才会增加。客服经理的 OKR 还要考虑到客户资源的分配，合理的资源分配有助于提高部门整体的工作效率。

表 12-2 是某企业客服经理的 OKR，供大家借鉴和参考。

表 12-2　某企业客服经理的 OKR

目标（O）	关键成果（KR）	KR权重	O权重	自评分（40%）	领导评分（60%）	最终得分
确保企业的服务体系能够给客户带来优质体验	升级服务，使客户满意度达到90%以上					
	使客户投诉率降低至3%					
	截至 ×× 月末，获得 ×× 奖					
高效地为客户解决问题	截至 ×× 月末，与部门业务负责人研究当前企业客户资源分配策略是否合理					
	截至 ×× 月末，实施新一期客户资源分配策略					

12.2.3　客服专员 OKR

客服专员的工作是向客户提供帮助，及时解决客户反馈的问题，收集并汇总客户的需求、意见和问题，为企业优化服务提供建议。

首先，客服专员的 OKR 要聚焦于为客户服务，为客户提供及时、有效且令他们满意的服务。其次，客服专员要与同事共同进步，为客服部门的长远发展做出贡献。最后，客服专员的 OKR 要有挑战性，最好能突破他们的能力极限，这样他们可以在完成 OKR 的过程中挑战自我，不断提升个人能力。

表 12-3 是某企业客服专员的 OKR，供大家借鉴和参考。

表 12-3　某企业客服专员的 OKR

目标（O）	关键成果（KR）	KR权重	O权重	自评分（40%）	领导评分（60%）	最终得分
给客户提供真正有意义且使其身心愉快的帮助	平均 ×× 小时内响应客户的需求					
	解决问题的平均时长不超过 ×× 小时					
	客户对解决问题的效率满意度达到 ××% 以上					
与客服团队共同进步	每周为团队提 ×× 个建设性意见					
	截至 ×× 月末，联系合作的外聘导师，请该导师每月到企业培训 ×× 次					
	为实习生提供一对一培训，帮助其提升专业技巧					

13

第 13 章

经典案例：
不同企业如何实施 OKR

随着各大企业对 OKR 的重视程度不断提升，OKR 的应用变得越来越普遍。例如，游戏公司 FunPlus、互联网企业 Facebook、科技零售企业美团、电商企业 Flipkart、知乎、YouTube 都引入了 OKR，并借助 OKR 实现了更好的发展与成长。本章以这些企业为例，详细介绍实施 OKR 的方法和技巧。

13.1 FunPlus：游戏的特质与 OKR 天然契合

《游戏改变世界》这本书中列出了游戏的四大决定性特征：目标（玩家努力达成的具体结果）、规则（对玩家如何实现目标做出限制）、反馈系统（告诉玩家距离实现目标还有多远）、自愿参与（要求所有玩游戏的人都了解并愿意接受目标、规则和反馈）。

而 OKR 具有四大功能：聚焦（太多焦点等于没有焦点）、对齐（目标经过共同讨论，由集体决策确定）、追踪（随时追踪，同步工作进展）、延展（目标需要有挑战性）。由此可以看出，游戏与 OKR 天然高度契合，同样注意目标、互动、主动及反馈。

13.1.1 OKR 是如何实现目标聚焦的

OKR 能够帮助管理者更好地应对 VUCA（指充满变动、不确定的）时代带来的挑战，使其将时间和精力用于完成重要的目标，以创造自由、宽松的环境，充分激发员工的主动性，实现企业内部的高效协作与持续沟通。

OKR 能够助力游戏研发。我们可以用不同的比喻来描述游戏研发的特点，例如，在大海上航行，却没有指南针；在丛林中行走，却没有道路与出口等。两个比喻都反映了游戏研发具有不确定性及需要不断探索、寻求突破的特点。在游戏研发的过程中，聚焦目标、沟通协作至关重要，游戏制作人从一开始就必须以终为始地思考。

例如，OKR 可以帮助 FunPlus 提炼产品的核心概念，明确核心卖点和买点，优化美术风格及制作工艺验证程序，提升产品的核心竞争力，明确价值实现路径。下面介绍具体的操作流程，如图 13-1 所示。

第一步：游戏制作人引导员工思考一个问题——假如你是游戏制作人，请思考保证游戏成功的重要因素是什么？让员工认真思考 5 分钟，然后将想法写在便笺纸上。

第二步：引导员工交换想法，相互打分，具体规则如下。

（1）两两交换。

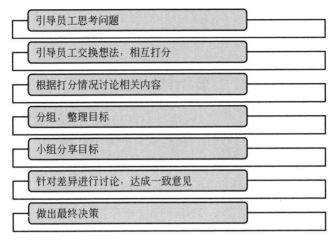

引导员工思考问题

引导员工交换想法，相互打分

根据打分情况讨论相关内容

分组，整理目标

小组分享目标

针对差异进行讨论，达成一致意见

做出最终决策

图 13-1　OKR 帮助游戏企业聚焦目标的流程

（2）给对方的想法打分。

（3）拿着交换后的便笺纸，再找其他人交换打分。

（4）完成两轮交换的便笺纸，交到游戏研发人员手中。

第三步：游戏制作人按照总分从高到低的顺序向员工分享便笺纸上的内容，并将便笺纸贴在白板上。

第四步：将员工分组，具体的小组数量可以根据与会者数量调整。一般来说，3～4 组比较合适。每个小组根据便笺纸上的内容总结 3～4 个目标，预留大约 10 分钟的时间，让大家讨论，达成一致意见。然后，游戏制作人根据自己的想法，再制定 3～4 个目标。

第五步：每个小组分别分享已经设定好的目标及设定目标的思考过程，游戏制作人分享自己的目标并分析其与小组目标之间的区别。

第六步：针对差异进行深度讨论，达成一致意见。如果无法达成一致意见，则需要收集其他数据。游戏制作人可以布置任务，和员工约好另行讨论的时间。

第七步：进行自下而上和自上而下的思考，分析、总结思考的结果，做出最终决策。

员工可以充分参与整个过程，以终局视角规划 OKR 实施方案。这个过程可以让员工系统地看待游戏项目、明确未来研发方向，不仅有利于员工深入理解目标，还可以为 OKR 的落地奠定基础。当组织内部的所有员工都认可 OKR 的管理模式并形成 OKR 思维后，就不用再通过这个过程去聚焦目标。

13.1.2　变革游戏开发，打破合作壁垒

OKR"上下通"是指让整个组织自上而下、自下而上地聚焦目标，确保目标的一致性与清晰性；OKR"左右通"是指打破不同部门之间的壁垒，促进部门协作，在组织内部实现力出一孔、劲儿往一处使。

游戏研发过程涉及策划，美术设计，技术研发（前端、服务器端）等不同环节。负责这些环节的员工专业背景差异往往非常大，而 OKR 则可以很好地促进他们之间的协作，让他们基于同一目标，在各自领域找到"着力点"。

下面来看看 FunPlus 具体是如何操作的，如图 13-2 所示。

图 13-2　找到关键成果

第一步：引导员工在每个目标下面写关键成果，能想到多少就写多少，没有数量限制。

第二步：请所有员工找到自己最感兴趣或者自己认为最有价值的目标，自愿组成小组（通常每个小组中会有负责不同环节的员工）。

第三步：各小组将目标梳理清楚，并对大家所写的关键成果进行分类、总结。

第四步：深度讨论后，达成共识，明确关键成果。

下面是 FunPlus 没有引入 OKR 时制定的目标：

（1）10 月 31 日完成 MVP（Minimum Viable Product，最小化可行产品）版本；

（2）12 月 31 日进行小范围测试；

（3）打造流畅的新手引导流程；

（4）PVE（Player Versus Environment，玩家对战环境）玩法达到业界标杆水平。

以下是FunPlus引入OKR后制定的OKR。

目标：4月16日完成新版本，并在4月末实现版本测试，达成次留（第二天留存率）38%、三留（第三天留存率）25%的目标。

关键成果1：版本稳定，宕机率低，效能良好；普通智能手机玩起来不卡顿；在测试过程中不会因为技术原因导致留存率降低。

关键成果2：新手流程更顺畅，玩家能融入剧情；游戏前30分钟的流失率对标××同期数据。

关键成果3：PVE玩法提升策略性，让玩家能简单、快速地了解PVE玩法的规则，最终效果对标××。

关键成果4：将英雄探索功能做得更有美感，提高玩家对虚拟世界与英雄的代入感。

关键成果5：玩家要觉得开服活动、公会任务有吸引力，并愿意留下来继续玩；次留/三留对标××同期数据。

关键成果6：新版UI（Uesr Interface，用户界面）要全部更换，调整UE（User Experience，用户体验）的合理性，按照正式上线标准进行游戏测试。

引入OKR前，研发目标由游戏制作人制定，其他员工只是被动地接受任务。因为员工是被动执行任务，不了解任务的真实意图，所以不会主动思考、提供有价值的反馈。引入OKR后，员工能够深入理解目标，与同事形成合力，尽力实现目标。

在阶段复盘时，游戏制作人总结了3个注意事项。

第一，在制定OKR时，员工容易把工作描述为具体的内容而非目标。

第二，对具体的目标没有进行进一步的量化处理。

第三，员工之间的OKR没有实现互通，员工之间的协作度不够。

在后续实施OKR的过程中，游戏制作人针对以上3个注意事项进行相应的改进和调整。可见，OKR的实施不是一蹴而就的，管理者和员工要不断复盘和迭代，找到适合自己和团队的OKR实施方法。

13.2 Facebook：通过 OKR 优化管理效果

在 Facebook 不断发展的过程中，新的社交平台层出不穷，试图模仿 Facebook 的发展模式，挑战其市场地位，但大部分都落败，只有 Facebook 屹立不倒，成为世界排名领先的照片分享站点。Facebook 成功的秘诀之一在于使用 OKR 对员工进行管理。

13.2.1 以影响团队和个人的 OKR 为重点

在制定 OKR 时，Facebook 关注对团队和个人有重大影响的事项，以其为依据制定 OKR。每季度开始时，Facebook 的员工会提前想好自己想做什么，并思考有哪些工作值得做，然后列出能推动 OKR 实现的手段。

在 Facebook，OKR 被当作一个沟通工具。一般来说，员工想做的事和管理者规定他们做的事不是完全相同的。员工可以先明确企业级 OKR，在自己想做的事情中找到对实现企业级 OKR 有利的事情，然后就这些事情与管理者探讨，平衡取舍之后，确定自己的 OKR。员工提出的好的创意和想法很有可能在日后成为企业的发展战略。

此外，OKR 使 Facebook 组织内部各层级员工与上级实现一对一、无障碍的交流。在一个季度结束时，二者可以协商与 OKR 相关的各种事宜，以及能量化处理的 OKR 是什么。

Facebook 通过会议的方式进行 OKR 评估。会议通常以团队或小组的形式进行，各团队的负责人分别介绍自己团队的 OKR，员工一起评估打分。Facebook 认为，评估 OKR 是否真正有效的标准是，其是否激发了员工的主观能动性。只有激发了员工制定并完成 OKR 的主观能动性，OKR 才是优质、有效的。

13.2.2 制定相对灵活、宽松的 OKR 制度

为了激发员工的活力，Facebook 制定了非常灵活、宽松的 OKR 制度。Facebook 没有强制要求所有员工执行 OKR，但会为各层级员工制定 OKR 提供工具。在实际执行 OKR 时，员工的行为是目标驱动的。换言之，员工只要完成目标即可，至于完成目标的方法和途径，Facebook 没有做出具

体的限制，员工拥有很大的自主权。

这种宽松的 OKR 制度为 Facebook 管理员工提供了助力。在实施 OKR 的过程中，Facebook 对员工的管理十分宽松，强调发现员工的优势，忽视其劣势，并弱化上下级的观念。在制定目标和关键成果的过程中，员工拥有更多自由，这能够极大地激发员工的积极性和创造性。

同时，Facebook 努力为员工提供一个具有包容性和挑战性的工作环境。在 Facebook，员工可以质疑上级的决定，对工作安排提出自己的建议。Facebook 的员工也可以根据自己的意愿调整岗位，如 Facebook 的律师可以尝试开发产品。在宽松的 OKR 制度下，工作质量、工作能力等是Facebook 关注的重要因素，职级观念淡化。

OKR 制度需要与企业文化相匹配。一般来说，OKR 适合文化氛围宽松自由、注重创新与员工发展的企业。在这样的文化氛围下，员工往往拥有很强的责任心和进取心，勇于迎接挑战。而宽松的 OKR 制度能够在为员工指引方向的同时，赋予员工更多自由，激发员工的积极性和创造性。

Facebook 就拥有高度自由的企业文化，管理制度较为宽松，企业充满活力。因此，宽松的 OKR 制度与 Facebook 的企业文化十分适配，能够进一步激发员工活力，优化 Facebook 对员工的管理。

13.2.3 OKR 如何为 Facebook 赋能

发展至今，Facebook 已经从最初一个很小的社交平台成为拥有上亿用户的全球性社交网络服务网站。对于 Facebook 未来的发展，其创始人马克·扎克伯格早已制订相关的计划。他致力于推出免费、低带宽的应用，来实现"连接全世界"的宏伟梦想。

为了实现"连接全世界"的梦想，Facebook 分析大量用户数据，发现全球 95% 的人生活在信号塔覆盖的区域内，能够使用数据网络。而其余的人，Facebook 也为他们制订了相应的计划，涉及无人机、卫星、激光等。实现这个梦想是一个长期的过程，Facebook 积极探索、不断努力。

在 Facebook 上，任何用户都可以和其他用户对话，尽情展现自我，表达自己的个性化需求。相关资料显示，Facebook 的单日用户数量不断增长，其在全球社交市场的地位稳居前列。马克·扎克伯格曾在内部会议上明确表示，他的目标是：截至 2030 年，Facebook 的用户数量达到 50 亿人。而据相关机构的预测，2030 年，全球人口数量将达到 85 亿。Facebook 能否实现这个目标，我们拭目以待。

如今，Facebook 的功能与最初版本的功能不在一个等级上，这是 Facebook 逐步优化的结果。不管是用户能想到的功能，还是不能想到的功能，Facebook 的设计者都能想到。对此，马克·扎克伯格曾表示："Facebook 的发展都围绕着'人们之间是否建立更多的连接，是否可以获得更多信息'，这才能让世界变得更好，人们才能更加互相理解，增加同理心。这一原则指引着我的工作。在曾经的艰难岁月里，我停滞不前过，但那个信念一直推着我向前努力。"

我们可以通过 Facebook 的案例得到一些启示：OKR 可以作为企业内部的一种沟通工具，各层级员工可以根据企业的战略目标制定自己的 OKR，并将目标和关键成果进行量化处理。这样的 OKR 对战略目标实现有着非常强大的推动作用，可以保证员工都朝着一个方向努力，也会让员工拥有更多的主动权。

13.3　美团：OKR 赋能共创，实现效率提升

从成立之初到现在，美团始终顺应时代的发展，不放过任何一个发展机会。如今，美团已经成长为零售界的佼佼者，在外卖行业更是做出了非常亮眼的成绩。其实，美团成功的秘诀之一就是通过 OKR 管理员工，不断提升共创效率。

13.3.1　建立大局观，从整体看待问题

如今，外卖行业已经发展得非常成熟。而美团作为该行业中的佼佼者，想要保住自己的领先地位，必须重新进行战略规划，聚焦核心目标，从整体上看问题，为用户提供更优质、更便捷的服务。

美团以上海为试点，对团队与业务现状进行了评估，希望把上海打造为标杆，以共创的形式带动其他城市发展。共创可以让不同城市的员工体会到多元化思维的碰撞，帮助他们更系统地梳理问题，学习一些软性技能。

美团在共创过程中以"利益相关者"为核心进行梳理，探索突破口。美团意识到，团队的思维仅停留在"竞争""市场占有率""盈亏"上，因此，这次共创要带领员工从其他维度来看待整个系统，从整体出发找到一些新思路。另外，通过呈现利益相关者的互动关系，员工能更清楚地看到系统全貌，从而解决部门间协作不通畅、存在部门墙等问题。

在正式实施共创计划之前，美团遇到了两个问题。第一，创新意味着不确定性，员工需要对各种风险、项目目标、项目产出达成共识；第二，每个小组都由跨部门的员工组成，而大部分员工都有非常繁重的日常工作。因此，如何让跨部门的员工对齐目标、为项目做出贡献，是每个小组都面临的挑战。

为了解决上述两个问题，美团召开了一场共创会，邀请高层领导到现场与员工分享发展战略，帮助员工统一认知，形成一致意见。在高层领导分享完发展战略之后，各小组可以提出问题。高层领导通过解答问题向员工细致地讲述战略的细节，同时还分享了创新的一般流程，进一步拉齐了不同员工的期待和认知。

13.3.2 找到共创的突破点，提升效率

为了找到共创的突破点，美团召开共创会对这一问题进行了讨论。

环节一：开场及介绍

（1）员工自我介绍，描述自己"不为人知的特点"。

（2）员工得以迅速建立新连接。

环节二：以终为始，积极发言

（1）设想自己代表项目组领导在年会上发言，以小组为单位撰写发言稿。

（2）各组逐个上台发言。

（3）总结归类关键成果。

环节三：团队沟通小游戏

（1）所有员工两两一组。

（2）背靠背，一个人扮演司机，一个人扮演调度员。

（3）两人仅通过语言沟通，调度员需要在最短的时间内指导司机到达

目的地。

（4）员工复盘游戏、总结收获，以真正理解实现目标的挑战及沟通的重要性。

环节四：年度OKR第一轮

（1）每个小组领取年会发言的其中一类关键成果，通过共创的方法草拟年度OKR。

（2）每个小组分享自己的年度OKR。

（3）其他小组和导师提出问题和建议。

环节五：年度OKR第二轮

（1）每个小组根据自己在上一轮中收到的建议，讨论并整合要点。

（2）调整年度OKR。

（3）营造轻松、愉悦的氛围，不同小组之间进行交流，彼此交换意见。

（4）导师提出一些重要的建议。

环节六：制订季度OKR并产出行动计划

（1）根据年度OKR讨论出第一个季度的OKR。

（2）根据第一个季度的OKR制订行动计划，明确负责人及截止时间。

环节七：收尾

（1）回顾全天讨论的内容。

（2）大家分享收获及心得。

讨论过程暴露了一些问题。

首先，员工缺乏基本的系统性思维，在明确创新项目的节奏时没有全局观。

其次，员工缺乏有效沟通的技能，与他人沟通时过于机械，不善于使用沟通技巧。这会导致很多问题，例如，因为之前的工作模式比较死板、枯燥，员工习惯于执行，思维已经固化，欠缺深度思考及高效解决问题的能力。

共创则为员工提供了一个思维框架，让他们可以从整体到局部、从目标到执行更全面地看待和解决问题。

意识的转变与提升是一个持续的过程。在团队处于从无意识、无能力向有意识、有能力过渡的阶段时，团队需要很多的帮助和支持。另外，制定目标的一个更大的意义是让团队变得团结，让员工有集体荣誉感。而且团队的目标越清晰，希望越明确，动力越强劲。

13.3.3 瞄准最重要的目标，赋予团队活力

通过共创会，美团聚焦最重要的目标，对齐了战略需求，鼓舞了士气，成功地用 OKR 为团队和员工赋能。

1. 充分沟通，澄清关键概念

在大型企业中，要让一个小组或一个部门的员工 100% 理解战略是一件困难的事。因此，企业要通过持续且深入的沟通，让员工理解战略，明白核心目标背后的意义。这样员工在执行战略时才会有的放矢，核心目标才能在更短的时间内达成。

在美团的共创会中，高层领导全程参与并在关键时刻及时介入，让员工理解目标背后的真正意义，以及创新工作的过程和规律，解决了令员工感到困惑的几个问题，如"跑通商业模式""功能价值≠客户价值""创新项目需要在本年度完成到什么程度"等。此外，高层领导还对比了不同国家的商业需求，让员工进一步加深对目标的理解，提升工作动力。

2. 团队凝聚力和士气大幅提升

员工明确了目标，就可以从"要我做"转变为"我要做"。另外，在共创会上，每个员工的闪光点及性格特点都有机会展现在高层领导面前。这样不仅增强了员工实现目标的决心，还提升了团队整体的凝聚力和士气。

我们可以从美团的案例中得到启示：在 OKR 落地的过程中，与 OKR 相关的决策、工作、流程等都必须透明化、公开化。这样才能使企业各层级员工的工作步调一致。另外，OKR 的聚焦作用并非单指员工努力工作，也指员工为了实现 OKR 而不断挑战有难度的工作，用实际行动推动企业发展。久而久之，OKR 就会与企业的文化融为一体。

13.4 Flipkart：印度版"阿里巴巴"如何实施 OKR

Flipkart 成立于 2007 年，是印度首家 10 亿美元级别的电商企业，被称为印度版"阿里巴巴"。Flipkart 有上万名员工，业务涉及物流、广告等领域。对于 Flipkart 的创始人来说，管理规模如此庞大的员工和类型多样的业务并不容易。因此，Flipkart 的创始人决定引进 OKR，旨在促进各部门协同发展，使员工聚焦于目标和关键成果的实现。

13.4.1 重新梳理业务线，保证各部门步调一致

电商企业的组织架构往往十分复杂。电商企业的业务线很多，包括物流、技术、推广等不同类别的部门，这使得电商企业在管理上比其他企业要困难很多。因此，要想让所有部门的配合协调、运作步调一致，电商企业就必须选择科学、高效的管理方法。这也是 Flipkart 引进 OKR 的原因。

在最初引进 OKR 时，Flipkart 没有在企业层面统一实施 OKR，而是在各部门内分别实施。例如，Flipkart 为物流部门设定了一套单独的 OKR，而技术部门又另有一套单独的 OKR，市场部门也有自己单独的 OKR。

Flipkart 在各部门中单独实施 OKR 旨在明确各部门的资源分配和使用情况，明确各部门的工作方向。在 OKR 初见成效后，Flipkart 很快在整个企业普及 OKR。OKR 让各部门的工作步调保持一致，也使得员工更加聚焦于企业的目标。

Flipkart 实施 OKR 的优势具体表现在以下 3 个方面。

首先，OKR 便于员工理解。Flipkart 员工众多，让每个部门的员工学习其他部门的专业知识是不切实际的。而 OKR 只有目标和关键成果，推广起来会容易很多。

其次，作为一家电商企业，Flipkart 业务线庞杂，员工的注意力难以集中，而层层细分的 OKR 可以将员工的目标与企业的整体目标对齐，使员工的工作步调保持一致。

最后，OKR 可以对企业的资源进行集中配置，实现资源的最大化利用，避免资源浪费。

常见的 5 种 OKR 部署方案如表 13-1 所示。管理者可以根据自己企业

的实际情况选择合适的 OKR 部署方案。

表 13-1　5 种 OKR 部署方案

层　级	分　析
仅企业层级	对企业最高层级的目标有明确的阐述
部门层级和业务单元	有清晰的 OKR 部署思路说明 更有挑战难度的 OKR 方案
全公司范围内各层级实施	"上下对齐" 挑战难度和风险系数很高
仅在具体业务单元或团队层级实施	选择试点，目的是展现 OKR 的具体效果 吸引其他团队实施 OKR
项目层级	为 OKR 制订实施计划 对项目管理纪律进行强化

总而言之，Flipkart 组织架构复杂、员工众多，实施 OKR 是有必要的。在实施 OKR 时，Flipkart 并不是直接在大范围内实施，而是从部门入手，为各部门设定单独的 OKR。在 OKR 产生效果后，Flipkart 才在整个企业中推广并实施 OKR。

对于管理者而言，Flipkart 的做法值得借鉴。当管理者想要尝试 OKR 又不确定其是否适合自己的企业时，可以采用在部门试行的方法来试验，了解在企业实施 OKR 的可行性。这样还能在一定程度上降低企业可能面临的损失。

13.4.2　让员工知道自己应该做什么

在实施 OKR 的过程中，Flipkart 是这样开展工作的。

（1）Flipkart 向全体员工发送了一份备忘录，说明什么是 OKR 以及为什么要实施 OKR。

（2）Flipkart 发布了一些成功的 OKR 案例。

（3）Flipkart 召开全体员工大会，针对在整个企业实施 OKR 这一问题与员工进行沟通，使员工进一步加深对 OKR 的认识。

（4）Flipkart 要求各层级员工向上级提交个人的 OKR 草案。

（5）在不同团队召开会议，使不同团队对 OKR 的制定达成一致意见，并使不同团队明确彼此之间的关系。

（6）Flipkart 把 OKR 的内容发布到企业的内部网站上，使之在企业内部广泛传播，让所有员工了解企业是如何实施 OKR 的。

（7）Flipkart 再次召开全体员工大会，确定 OKR 的终稿。

Flipkart 用了 3 个季度的时间来解决员工在制定 OKR 时遇到的问题，并总结出大多数员工都会遇到的问题：不知道如何明确自己真正要做的事情。

那么，Flipkart 是如何解决这一问题，使员工明确自己要做的事情？Flipkart 主要做了 3 个方面的工作。

首先，Flipkart 花费了大量的时间和精力制定 OKR，以确保 OKR 与企业的发展和员工的工作相契合。在制定 OKR 时花费大量的时间和精力是十分有必要的，许多管理者在推行 OKR 时都会陷入这样一个误区，即只做了实施 OKR 的表面工作，却没有深刻地反思制定的 OKR 是否符合企业的发展。OKR 的实施具有复杂性，管理者必须对 OKR 的实施流程和企业的组织架构等因素进行综合考虑，这样才能将 OKR 与管理工作相结合。

其次，在制定 OKR 时，管理者十分重视员工的意见和建议。OKR 的制定与实施需要自下而上地进行，这种 OKR 才能更科学、合理，才能使员工的诉求得到满足，激励员工更努力地为 Flipkart 工作。

最后，在实施 OKR 的过程中，管理者很关注员工之间的辩论。管理者鼓励员工提出建议，而不会轻易否定员工的想法，这激发了员工的创造性和主动性。

OKR 与企业的贴合程度高、企业重视员工的意见和建议，有利于员工更准确地把握目标或明确自己内心的想法。在此过程中，他们能够聚焦正确的事情，从而更好地实现目标。

13.4.3　及时了解 OKR 的实施效果

在实施 OKR 的过程中，企业面临的一大考验是如何评估 OKR 实施效果。在这个问题上，Flipkart 采取了以下做法。

Flipkart 的管理者认为，OKR 需要自下而上地开展，而且倾听十分关键，员工可以阐述自己的目标和相应的关键成果。管理者将员工的意见和自己的想法相结合，可以使企业的战略目标和员工的具体实践方向一致、高度契合。

在倾听完员工的阐述后，管理者会引导员工进入辩论环节。在员工辩论的过程中，管理者会给员工提出相应的意见，激发员工提出好想法和好创意。管理者给员工提供意见而不是直接给出标准答案的做法，可以使员工充分发挥主观能动性，深入地参与到 OKR 的制定与实施中。通过辩论环节，管理者可以了解 OKR 的状态以及实施效果，推动企业内部的交流与协作，使 OKR 发挥更大价值。

13.4.4 抓住所有能复盘的机会

复盘是 Flipkart 实施 OKR 的一个重要环节，Flipkart 的管理者选择在中期和末期对 OKR 进行复盘。

Flipkart 一般实行季度 OKR。在下一个季度的初期，管理者会召开季度 OKR 讲解会，为员工讲解本季度的目标、关键成果和实施 OKR 的注意事项。

在季度中期，管理者会召开 OKR 审视会并对上半季度的 OKR 完成情况进行评估。通过评估结果，管理者能够明确 OKR 的完成进度，并根据完成进度来合理调整员工下半季度的工作。此外，通过评估结果，管理者可以发现上半季度 OKR 实施过程中存在的问题并及时提出解决方案，以确保季度目标顺利实现。

在季度末期，管理者会对整个季度的 OKR 进行评估和总结，同时制定下一季度的 OKR。在制定下一季度的 OKR 时，管理者不仅会研究企业的发展现状和发展目标，还会吸取此前 OKR 实施过程中的经验和教训。这些经验和教训都可成为制定下一季度 OKR 的依据，能够使下一季度的 OKR 更加科学、合理。

在 Flipkart，OKR 的评估结果与员工的薪酬没有关联。Flipkart 的管理者认为，OKR 的优势在于能够激发员工工作的主动性和积极性，让他们敢于挑战难度更高的任务。如果 OKR 与薪酬挂钩，员工就会为了获得更丰厚的薪酬而降低目标。这样不利于员工创造性的释放和 OKR 在组织内部成功落地，更不利于企业的长远发展。

想要实施 OKR 的企业可以从"印度阿里巴巴"的案例中得到一些启示。

首先，如果企业想要面向所有部门实施 OKR，就需要对业务线进行梳理，确保各部门步调一致。

其次，在实施 OKR 之前，企业需要进行 OKR 宣讲，帮助员工了解实施 OKR 的意义、流程等，同时在 OKR 方案实施过程中，管理者也要与员工保持沟通，及时为员工答疑解惑。

再次，管理者需要对 OKR 实施过程进行监督、管理，及时了解 OKR 实施效果。当其中的某个环节出现问题时，管理者需要及时推出有针对性的解决方案，保证 OKR 顺利实施。

最后，对 OKR 进行复盘是十分有必要的。在实施 OKR 的过程中，管理者可以进行阶段性复盘，找出当前存在的问题、当前发展态势下未来可能出现的问题等，并给出解决方案。同时，在 OKR 实施结束后，管理者也需要进行复盘。复盘不仅有助于管理者评估 OKR 实施效果，还有利于管理者发现 OKR 实施过程中的问题，总结实践经验，为之后制订科学的 OKR 实施方案和 OKR 顺利落地奠定基础。

OKR 使企业内部更加民主，能够提升员工的创新能力。OKR 需要以企业的发展战略为基础，同时需要企业各层级员工之间进行有效沟通。

在应用中，企业需要制定相关的执行战略，建立企业价值观以引导员工进行自我管理。

很多企业之所以是由管理者做决策、基层员工来执行，是因为管理者掌握更多信息，做出的决策更科学、更合理。然而在共享经济时代，企业发展目标随着自身诉求的变化而变化，OKR 不仅可以帮助企业实现目标管理，还能帮助员工实现自我管理以及和上级的高效沟通。OKR 能够改变企业制定目标、进行目标管理的方式，改变员工的工作思维和工作方式，实现高效的协作，推动目标实现。可以说，有效的 OKR 可以保障企业发展策略顺利推进。

OKR 改变了企业各层级员工之间的关系，OKR 层层分解使得各层级员工对企业的发展现状和发展方向了然于胸。

复盘是一个集体学习的过程，能够让企业的各个团队明确自己的优势和不足，从而在之后实施 OKR 的过程中不断精进。员工学会复盘，有利于养成回顾、梳理工作的好习惯，这样员工的工作效率才能更高、工作产出才会更多。

13.5　知乎：以 OKR 管理企业目标

从创立之初的邀请制到现在对大众开放，从知识社区成长为功能丰富的知识平台，知乎实现了快速发展。而在其不断扩张的过程中，全员践行OKR 起到了重要作用。本节就对知乎实施 OKR 的进程和要点进行解析。

13.5.1　知乎实施 OKR 的三大内容

在最开始实施 OKR 的时候，知乎只制定了企业层级的 OKR，围绕企业战略细化了企业目标。这为知乎之后的发展指明了方向。同时，在最开始实施 OKR 的时候，知乎更新 OKR 的周期为一年，而随着知乎不断发展壮大，其更新 OKR 的周期逐渐缩短，实现了每季度更新。

从整体来看，知乎实施 OKR 主要有 3 大内容，分别是实施流程、过程跟进、总结评价。

1. 实施流程

知乎的组织结构扁平化，打造了大平台、小团队的闭环。小团队是指项目确定后，知乎会为这个项目配备相对健全的职能，而大平台会为团队提供能力和相应的资源。具体来说，知乎实施 OKR 的流程分为两个步骤。

首先是 OKR 分解。公司的管理者会带领所有小团队和大平台的负责人分解公司的 OKR，确定每一个小团队和大平台的工作目标和关键成果。

其次是讨论。小团队负责人和大平台负责人需要对 OKR 进行充分的沟通和讨论。小团队承接的是 OKR 的具体数据，大平台承接的是为小团队提供帮助的能力和资源。在实施 OKR 的过程中，小团队与大平台之间的配合、目标进度的统计、资源的分配等是十分关键的，因此二者之间的沟通是很重要的。

在小团队与大平台的负责人就 OKR 实施过程中的各项细节达成一致意见后，员工就可以实施个人 OKR。员工在实施 OKR 的过程中有很高的主动性，在如何进行工作以及工作做到什么程度方面，员工拥有较高自由度。

在实施 OKR 的过程中，很多细节都需要员工自己定义，同时，员工需要与团队负责人进行大量的沟通。在 OKR 被明确之前，公司管理者、团队负责人、各层级员工之间都要进行充分的沟通，最后将最终的 OKR 以文字的方式确定下来。

2. 过程跟进

在 OKR 的过程跟进中，知乎会实时更新目标的进度，这能让员工清楚地了解关键成果是否聚焦目标。如果在实施 OKR 的过程中，某个关键成果被替换了，知乎也会对新的关键成果进行跟进，确保关键成果始终聚焦目标。

3. 总结与评价

在知乎，OKR 评价是由员工自己完成的，团队负责人负责进行最终汇总。知乎不会太过关注员工的 OKR 评分，其更关注员工对 OKR 的反思。

在目标管理方面，OKR 可以实现各层级目标的承接，而 OKR 的内核是沟通工具，透明的目标能够让小团队和大平台之间实现有效的连接。

OKR 会促进团队与员工间、员工与员工间的沟通。通常员工每两周会和团队负责人沟通 OKR 的进度，并讨论关键成果与目标的关联性。在这个过程中，作为推动 OKR 顺利实施的辅助者，HR 会起到重要的作用。

HR 会给团队负责人和员工设计一个沟通的框架。在员工与团队负责人进行沟通之前，HR 会询问员工对公司目标或者团队目标是否有清楚的了解、员工为此次的沟通做了哪些准备等。如果 HR 认为员工的准备是充分的，就会安排团队负责人和员工进行一对一的沟通。在员工与团队负责人沟通的过程中，团队负责人会指出员工工作中的不足、存在的问题，为其提供指导，帮助其纠正。

在知乎，OKR 是一步步实施的，随着知乎的发展，OKR 实施方案也不断发生变化。OKR 能够与知乎很好地融合在一起，通过实施 OKR，知乎能够最大限度地激发员工的潜能，实现更好的发展。

13.5.2　知乎成功实施 OKR 的两大要点

知乎成功实施 OKR 的两个要点如下。

第一，OKR 与企业战略相关联。OKR 应依据企业的战略制定，企业

的战略能够分解出企业目标、团队目标和个人目标。OKR 和企业战略有关
联很重要。

在分解各层级的目标时，权重是影响目标制定的重要因素。尤其当企
业的业务很多且流程复杂时，如何做取舍是一个难题。换言之，当几条业
务线同时进行而资源有限时，为这些业务排序是非常关键的。

在实施 OKR 时，知乎确定好目标后，会对其进行重新定义，以明确
其重要性。同时，关于目标达到怎样的状态才算完成，知乎会设定好一个
量化标准，并在 OKR 模板中进行备注。此外，对于实现目标的不同路径、
时间、效果等，知乎也会一一进行标注。

第二，过程公开透明是成功实施 OKR 的重要因素。知乎在保持 OKR
实施过程公开透明方面做了很多工作。知乎实施 OKR 以季度为周期，在
实施 OKR 的前两周会对 OKR 进行检查。如果检查结果显示 OKR 可行，
就会继续实施；如果检查结果显示其不可行，那么知乎就会立刻放弃这个
OKR。同时，在实施 OKR 的过程中，知乎会监控其进展，保证 OKR 顺利
实施。

此外，为了实现 OKR 实施过程公开透明，知乎引入了 Google 工
具。知乎把所有的公司目标、团队目标等汇总在 Google list 上，各层级
OKR 的进展清晰可见。这个清单对知乎的全体员工是公开的。这使得
全体员工可以随时查看自身 OKR 以及公司 OKR 的进展，合理调整工作
计划。

13.6　YouTube：使用 OKR 实现挑战性目标

YouTube 是美国的一家视频网站，成立后不久便被谷歌收购。谷歌是
OKR 的忠实拥护者，在收购 YouTube 后，谷歌也将 OKR 引入了 YouTube。
通过实施 OKR，YouTube 实现了挑战性目标，获得了跨越式发展。

13.6.1　YouTube 实施 OKR 的 3 个步骤

YouTube 曾制定一个十分具有挑战性的目标，即在 4 年时间内实现日
均播放时间达到 10 亿个小时。这个难以实现的目标最终成功达成，而这

离不开 OKR 的助力。YouTube 分为以下 3 个步骤实施 OKR。

首先，YouTube 将阶段目标设定为增加用户的观看时长。其次，YouTube 找到关于这一目标的具体衡量标准，通过对自身业务的分析找到可以提升的潜在增长点，并将这些增长点转换为具体目标。最后，YouTube 根据自身诉求将衡量 OKR 目标是否完成的标准设定为"每分钟为单位计量的流量"。在所有流量中，广告流量的占比是固定的，越高的总流量就意味着用户使用量越大、使用时长越长，也意味着 YouTube 获得的收益越高。

YouTube 具体的 OKR 如下：

目标：增加用户的观看时长。

关键成果 1：增加每天某一时间段的用户观看时长。

关键成果 2：在 YouTube 客户端推出两个新的操作系统。

关键成果 3：将视频的加载时间降低 ×%。

YouTube 认为，假如这些关键成果都能完成，增加用户观看时长的目标就能轻松实现。而如果这些关键成果的达成率很低，就说明 YouTube 在制定下一轮 OKR 时需要做出相应的调整。

YouTube 按季度制定企业 OKR，并开展 OKR 评估工作。同时，在实施 OKR 时，YouTube 会每周检验并更新 OKR 进度，监控 OKR 的实施流程。

YouTube 的发展战略是成为电视的替代者，根据这一战略，其制定的 OKR 内容如下：

目标：吸引更多的广告客户。

关键成果 1：在平台引进更多的直播内容，使之兼容电视的特性，进而替代电视。

关键成果 2：实现网络和电视的紧密结合，建立一套新的娱乐系统。

关键成果 3：积极地与提供独家内容的赞助商建立合作关系。

OKR 作为一种有效的目标管理工具贯穿目标实现的整个过程。每位员工都清晰地了解企业的目标和自己的目标，从而更加专注，最大化发挥自己的力量。

13.6.2 延伸目标让 YouTube 实现超越

有的企业设置的 OKR 目标超出了能力范围，这种目标被称为延伸目标。这种目标可以激励勇于挑战的优秀员工，营造出一种充满斗志的工作环境，最终达成更好的结果。事实上，YouTube 设置的在 4 年时间内实现日均播放时间达到 10 亿个小时的目标就是一个难以完成的延伸目标，但 YouTube 认为，目标充满挑战性，才能更好地激励员工。

在制定这个目标后的第二年，YouTube 的 OKR 只完成了三分之一。YouTube 制定的目标虽然很远大，但是实际完成率不高，观看时长的增长达不到目标水平。

这一情况给 YouTube 的员工带来了压力。尽管谷歌表示，针对这一延伸目标，YouTube 完成 70% 就算成功，即日均播放时间达到 7 亿个小时，但是 YouTube 不希望只达成 70% 的目标，而是依旧将日均播放时间达到 10 亿个小时作为最终目标。

在这样的压力下，YouTube 最后是如何实现目标的？ OKR 在目标的实现中起到了重要作用。

OKR 可以作为监管目标进度的工具。在目标完成进度出现问题时，OKR 能够清楚地显示是哪个环节出现了问题，并将偏离轨道的环节重新拉回正轨。

同时，OKR 的延伸目标更能激励员工。日均播放时间达到 10 亿个小时的目标是明确、可衡量且具有挑战性的。明确的目标能够坚定员工的信念，可衡量的目标能够让员工实时监督自己的工作进度，已完成的目标能够使员工获得成就感与满足感，而富有挑战性的目标更能激发员工的斗志。这一切都对员工的工作有极大的激励作用，这也是日均播放时间达到 10 亿个小时的目标能够被提前实现的主要原因。

延伸目标推动了延伸 OKR 的制定，一个个目标被实现更激发了员工工作的积极性，他们会获得成就感，并对下一个目标的实现充满希望。在工作过程中持续得到激励，员工能够充分发挥自己的潜能，推动目标实现。

13.6.3　目标深化，重视用户体验

在发展过程中，YouTube 不曾懈怠。在完成 4 年内实现日均播放时间达到 10 亿个小时的目标后，YouTube 又瞄向了更加远大的目标。YouTube 计划升级平台的用户体验项目，根据用户的满意度以及对视频的喜爱程度向其推荐视频。

此外，借助人工智能推荐算法，YouTube 除了推送用户感兴趣的题材外，还积极在用户的兴趣阈值内寻找新领域，向用户推送多元化的内容。为此，YouTube 每分钟都上传 400 个小时的视频来丰富自己的视频资源。

由此可见，YouTube 以观看时间这一目标为基础进行深化，将目标从视频播放量转移到用户体验上。

为满足用户的需求、提升用户的使用体验，YouTube 在主页上创办了一个突发新闻栏目，主要对权威新闻中的重点新闻进行汇总。此外，YouTube 还积极发展自己的电视流媒体，和 40 多家有线电视合作，发布了一项月费为 35 美元的网络电视服务。

至今，YouTube 仍在不断收集新兴的、有意义的视频内容，并积极壮大自己的电视频道矩阵。在 OKR 管理体系的支持下，YouTube 能够聚焦更远大的目标，无论其将来的目标是什么，OKR 管理体系都是其实现目标的有力保证。

附录　OKR 量化评分表

表 1　总经理 OKR 量化评分表

姓名		职位	总经理	部门	
考核人		职位	董事长	部门	
目标	权重	关键成果	权重	绩效目标值 （考核期内）	评分
净资产回报率			15%	达到 ____% 以上	
主营业务收入			15%	达到 ____ 万元	
盈利额			10%	达到 ____ 万元	
总资产周转率			5%	达到 ____% 以上	
成本利润率			5%	达到 ____% 以上	
年发展战略目标完成率			10%	达到 ____% 以上	
新业务拓展计划完成率			5%	达到 ____% 以上	
投融资计划完成率			10%	达到 ____% 以上	
市场占有率			10%	达到 ____% 以上	
品牌市场价值增长率			5%	达到 ____% 以上	
客户投诉次数			5%	控制在 ____ 次以内	
核心员工保有率			5%	达到 ____% 以上	

考核总分值：

考核人：	复核人：
签字：	签字：
日期：	日期：

表 2 中层管理者 OKR 量化评分表

单位	部门	考核者		被考核者		考核周期	考核者签字及日期
		职位	姓名	职位	姓名		
指标类别	指标编号	考核指标		目标	权重	实际值	评分
财务类							
客户与运营类							
组织发展类							

最终得分:

表 3 生产总监 OKR 量化评分表

姓名		职位	生产总监	部门		
考核人		职位	总经理	部门		
维度	目标	权重	关键成果	权重	绩效目标值 （考核期内）	评分
财务	净资产回报率				达到 ____% 以上	
	主营业务收入				达到 ____ 万元	
	生产成本控制				控制在预算之内	
内部 运营	年度战略目标完成率				达到 ____%	
	生产计划完成率				达到 100%	
	质量合格率				达到 ____%	
	废品率				控制在 ____% 以内	
	生产设备完好率				达到 ____%	
	劳动生产率				比上一考核周期提高 ____%	
	生产安全事故发生率				重大事故为 0，一般事 故控制在 ____% 以内	
客户 服务	客户满意率				达到 ____% 以上	
	员工满意度				在 ____ 分以上	
学习 发展	培训计划完成率				达到 100%	
	核心员工保有率				达到 ____% 以上	

考核总分值：

被考核人：	考核人：	复核人：
签字：	签字：	签字：
日期：	日期：	日期：

表 4 行政总监 OKR 量化评分表

姓名			职位	行政总监	部门	
考核人			职位	总经理	部门	
维度	关键成果		权重	绩效目标值（考核期内）		得分
财务	净资产回报率		10%	达到 ____% 以上		
	主营业务收入		5%	达到 ____ 万元		
	办公用品费用控制		5%	控制在预算之内		
	行政成本控制		10%	控制在预算之内		
内部运营	年度企业发展战略目标完成率		10%	达到 ____% 以上		
	行政工作计划完成率		10%	达到 100%		
	行政工作流程改善目标完成率		10%	达到 ____%		
	后勤工作计划完成率		10%	达到 100%		
	行政办公设备完好率		5%	达到 ____%		
客户服务	内部员工满意率		5%	达到 ____%		
	后勤投诉次数		10%	低于 ____ 次		
学习发展	培训计划完成率		5%	达到 100%		
	核心员工保有率		5%	达到 ____%		
考核总分值：						
指标说明	行政办公设备完好率 = 完好设备台数 / 设备总台数 × 100%					

被考核人：	考核人：	复核人：
签字：	签字：	签字：
日期：	日期：	日期：

表5 财务总监 OKR 量化评分表

方案名称	财务总监 OKR 目标责任书	受控状态	
		编号	

一、岗位类别和聘期

姓名		任职部门	财务部	职 务	财务总监
入职时间	____ 年 ____ 月 ____ 日				
聘期	____ 年 ____ 月 ____ 日—____ 年 ____ 月 ____ 日				
考核期	____ 年 ____ 月 ____ 日—____ 年 ____ 月 ____ 日				

二、主要职责

1. 组织编制财务、资金、审计等规章制度及业务操作流程。

2. 对公司资金安排进行组织、计划、控制与管理。

3. 财务监控。

4. 财务分析与预测。

5. 疏通融资渠道。

6. 审计管理。

7. 分管部门管理。

三、工作目标

1. 财务预算与控制，对预算执行过程中出现的问题没有及时有效解决，每出现一次，减 ____ 分。

2. 财务分析，每月（季度）至少提供一次财务分析报告并给出相关决策建议，未能提供有效的相关信息，减 ____ ～ ____ 分。

3. 疏通融资渠道，确保融资渠道畅通有效，领导安排的融资任务 100% 完成，每差 1%，减 ____ 分。

4. 投资回报率达到 ____%，每减少 1%，减 ____ 分。

5. 资金利用率达到 ____%，每减少 1%，减 ____ 分。

6. 成本控制，对各部门的成本进行控制，未能按照财务会计制度控制各项费用的情况每出现一次，减 ____ 分。

7. 分管部门人员管理，部门培训计划完成率应达到 100%，未完成该项工作，减 ____ 分；及时公正地对下属员工进行考核，下属员工对绩效考核工作满意度评分在 ____ 分以上，每减少 1 分，减 ____ 分。

8. 年度重点工作完成情况。

年度重点工作完成情况考核表

重点工作事项	计划目标	实际完成情况	考核标准	评 估

续表

说明：

①年度重点工作中，如出现子项目或者分阶段目标的情况，应赋予子项目和分阶段目标相应的标准分值。

②在年中，如因生产经营活动的需要而对年度重点工作进行调整，应对年度重点工作的标准分值进行相应调整。

四、附则

1. 责任人如果在工作期内出现重大责任事故，公司有权对责任人提出终止聘用合同。

2. 本公司在生产经营环境发生重大变化或发生其他状况时，有权修改本目标责任书。

3. 本目标责任书未竟事宜应在征求总裁意见后，由公司另行研究确定解决办法。

4. 本目标责任书解释权归公司人力资源部所有。

相关说明					
编制人员		审核人员		批准人员	
编制日期		审核日期		批准日期	

表 6 品管总监 OKR 量化评分表

分类	指标	指标说明、考核要点或公式	考核标准	权重
财务类	管理费用（10）	详见财务科目	控制在预算之内	0～5
客户和内部运营	生产质量管理（30）	熟食产品的生产过程工艺控制	生产严格按照公司工艺标准执行	0～10
		熟食产品的其他过程质量控制，储存环境检查	检查次数按计划完成	0～10
		原辅料检验	按规定原辅料入库检验	0～5
			原辅料储存环境符合标准	0～5
	产品质量管理（30）	成品抽检质量控制，一次合格率98%，出厂产品合格率100%	抽检率按国标进行，质量控制按制度文件规定执行	8
			未按规定执行	0
		过程卫生质量控制率	＞95%	10
			90%＜A≤95%	4～8
			≤90%	0
		客户投诉 A	<10 次／吨	10
			10≤A≤15	4～8
			＞15	0
	安全管理（10）	食品安全保障	食品安全事故为0	5
			出现食品安全事故	0
学习成长	制度流程执行情况（10）	制度、流程空白区：无章可循的工作，或不清晰、有矛盾争议的制度和流程	空白区不超过2个	0～5
		严格执行制度、流程	违反制度次数不超过2次	0～5
	人力资源管理（10）	员工培训，核心人员培养	按计划完成	0～3
		组织、岗位管理，人员调配	符合公司规范	0～3
		绩效执行度（绩效反馈人数／部门人数）	≥90%	0～4

表 7　物资供应总监 OKR 量化评分表

分类	指标	指标说明、考核要点或公式	考核标准	KR 权重
财务类	采购费用（15）	预算	控制在预算之内	15
			超过预算 3% 以内	5 ~ 12
			超过预算 3% 以上	0
	管理费用（5）	详见财务科目	控制在预算之内	0 ~ 5
客户和内部运营	产品采购（25）	辅材、包材产品采购合格率	合格率 100%	10
			合格率达 98% 以上	4 ~ 7
			合格率低于 98%	0
		按时完成产品采购，按时提供给使用部门	投诉数量	8
		价格控制率（按照物资明细、价格控制办法）	A 类物资可控率 100%；B、C 类物资可控率 98% 以上	0 ~ 7
	产品管理（15）	仓储管理准确、账实相符	100% 完成	0 ~ 7
		库存最低、最高标准符合率	A 类物资可控率 100%；B、C 类物资可控率 98% 以上	0 ~ 8
	供应商管理（15）	招标（符合招投标管理规定）	招标及时规范	0 ~ 7
		采购信息管理，包括产品信息，合格供应商的选择、管理	采购信息完整、准确，供应商数量不少于 3 家	0 ~ 8
	安全（5）	安全生产和安全保障、综合治理	重大的质量、安全、环保事故为 0	5
			出现重大事故	0
学习成长	制度流程执行情况（10）	制度、流程空白区：无章可循的工作，或不清晰、有矛盾争议的制度和流程	空白区不超过 2 个	0 ~ 5
		严格执行制度、流程	违反制度次数不超过 2 次	0 ~ 5
	人力资源管理（10）	员工培训，核心人员培养	按计划完成	0 ~ 3
		组织、岗位管理，人员调配	符合公司规范	0 ~ 3
		绩效执行度（绩效反馈人数 / 部门人数）	≥ 90%	0 ~ 4

表 8　计划调度总监 OKR 量化评分表

分类	指标	指标说明、考核要点或公式	考核标准	权重
财务类	管理费用（10）	详见财务科目	控制在预算之内	10
			超过预算 3% 以内	5～8
			超过预算 3% 以上	0
客户和内部运营	月、周生产计划（30）	月、周生产计划下发及时、准确率	100%	15
			98%≤A<100%	5～12
			<98%	0
		生产计划的均衡性	日浮动率在 10% 以内	15
			10%<A≤12%	5～12
			>12%	0
	库存管理（30）	库存产品登记的及时、准确性，账实相符	100%	0～10
		产品出库合格率	100%	0～5
		出货无差错	没有差错	0～5
		库房管理，包括产品摆放、出库顺序、质量安全、环境管理等	按质量标准	0～10
	计划管理（10）	公司月度计划分解	及时完成	0～8
		报表、分析报告的及时准确	及时准确	0～5
学习成长	制度流程执行情况（10）	制度、流程空白区：无章可循的工作，或不清晰、有矛盾争议的制度和流程	空白区不超过 2 个	0～5
		严格执行制度、流程	违反制度次数不超过 2 次	0～5
	人力资源管理（10）	员工培训，核心人员培养	按计划完成	0～3
		组织、岗位管理，人员调配	符合公司规范	0～3
		绩效执行度（绩效反馈人数/部门人数）	≥90%	0～4

表 9 员工年度 OKR 评分表

单位	部门	被考核者		考核周期	考核者签字
		职位	姓名		

考核指标

指标类别	指标编号	考核指标	权重	实际值	评分
绩效评价		绩效			
个人能力素质评价		能力			
个人态度评价		态度			

最终得分:

表 10　员工季度 OKR 评分表

单位	部门	考核者		被考核者		签字日期	考核周期
		职位	签字	职位	签字		
序号	重点工作		目标	权重	评分办法		考核者评价
1							
2							
3							
4							
5							
6							
7							
8							
9							
10							

最终得分：

表 11　员工 OKR 结果申诉表

申诉人姓名		所在部门		岗位	
申诉事项					
申诉事由					
接待人			申诉日期		

表 12 员工 OKR 结果申诉处理记录表

申诉人姓名			部门		职位	
申诉事项						
申诉原因摘要						
面谈时间				接待人		
处理记录	问题简要描述：					
	调查情况：					
	建议解决方案：					
	协调结果：					
经办人：						
备注：						

表 13　OKR 调查问卷

1. 你知道当前企业的战略目标吗（　　）

A. 知道	B. 大部分知道	C. 知道一些	D. 不知道

2. 你对企业所实施的 OKR 怎么看（　　）

A. 操作规范	B. 走过场	C. 考好考坏一样	D. 不科学、不公平

3. 你认为目前企业的考核制度（　　）

A. 操作严格规范	B. 走形式，没效果	C. 考好考坏一样	D. 不科学、不公平

4. 你认为 OKR 的评估结果能客观反映你的岗位责任以及业绩贡献吗（　　）

A. 能客观反映	B. 还好	C. 基本反映一些	D. 不能

5. 你对 OKR 管理体系的实施流程了解的程度是（　　）

A. 非常了解	B. 基本了解	C. 完全不了解

6. 你认为 OKR 评估应主要侧重哪个方面（　　）

A. 本职工作的完成情况	B. 工作态度、能力	C. 工作过程	D. 工作效率

7. 平时你是通过什么途径了解部门的 OKR 评估结果的（　　）

A. 会议	B. 部门通告	C. 部门看板	D. 同事交流

8. 你认为你的收入与你的 OKR 评估结果相关吗（　　）

A. 相关	B. 有关联，但不是很大	C. 没有关系

9. 你认为现在的企业薪酬制度合理吗（　　）

A. 合理	B. 不合理	C. 奖金与工作绩效不匹配	D. 收入差距大

10. 你认为领导及员工的 OKR 评估是否有一套标准（　　）

A. 有，而且不错	B. 有，但不科学	C. 没有	D. 不知道

11. 考核后，企业要求管理人员和员工就结果进行面谈吗（　　）

A. 有正式的要求，并要求做书面记录	B. 没有正式要求

12. 你认为企业员工个人发展存在哪些障碍（　　）

A. 缺乏知识能力	B. 不适合目前岗位	C. 上下级关系差	D. 领导的支持

13. 你认为实施 OKR 管理体系以来，你自己的工作完成情况与以前相比（　　）

A. 有很大的提高	B. 有部分提高	C. 差不多	D. 下降了

14. 你认为企业吸引你的因素有哪些方面，可多选（　　）

A. 发展前景好	B. 工资待遇	C. 工作环境	D. 能为个人提供发展空间

15. 你所在的部门经常组织培训吗（　）

A. 经常	B. 偶尔	C. 从不

16. 你接受过有关 OKR 培训吗（　）

A. 接受过，经常参加	B. 接受过，偶尔参加	C. 没接受过，愿意参加	D. 没接受过，不想参加

17. 你认为自己需要接受什么培训（　）

A. 劳动纪律	B. 操作技能	C. 企业管理	D 文化知识

18. 你认为建立科学的 OKR 管理体系有必要吗（　）

A. 很有必要	B. 无所谓	C. 完全没必要

19. 请简单说说你所在部门 OKR 的实施流程：

20. 你对企业 OKR 的实施过程有什么建议（请列举）：

表 14　OKR 培训评估问卷

一、总体评估

1. 请对此次培训进行整体评估（　　）

A. 很好	B. 好	C. 一般	D. 差

二、讲师评估

2. 讲师授课态度认真、专业（　　）

A. 很好	B. 好	C. 一般	D. 差

3. 讲师授课有感染力、鼓励学员互动（　　）

A. 很好	B. 好	C. 一般	D. 差

4. 讲师行为举止规范（　　）

A. 很好	B. 好	C. 一般	D. 差

三、课程及收获评估

5. 课程逻辑清晰、内容丰富（　　）

A. 很好	B. 好	C. 一般	D. 差

6. 你认为培训课程的难易程度如何（　　）

A. 基本没有难度	B. 难度适中	C. 有难度	D. 非常难

7. 你对本次培训课程内容的掌握程度如何（　　）

A. 掌握 30% 以下	B. 掌握 30% ～ 60%	C. 掌握 60% ～ 80%	D. 掌握 80% 以上

8. 培训内容是否能够解决你工作中遇到的问题（　　）

A. 培训内容与工作没有直接关系	B. 涵盖 30% 以下	C. 涵盖 30% ～ 80%	D. 涵盖 80% 以上

9. 你认为本次培训是否提供了实用的工作方法（　　）

A. 没有提供	B. 提供了但无法实践	C. 提供了少量方法	D. 提供了很多方法

10. 你认为培训内容在工作中的应用程度如何（　　）

A. 完全不能应用	B. 少量可以应用	C. 大部分能够应用	D. 全部能够应用

11. 你认为课程中最有价值的内容有哪些

四、培训组织评估

12. 培训场地和设备准备情况（　　）

A. 很好	B. 好	C. 一般	D. 差

续表

13. 培训课程时长安排（　　）

A. 很短	B. 合理	C. 太长

14. 培训教材准备情况（　　）

A. 很好	B. 好	C. 一般	D. 差

15. 你对本次培训有何意见或建议